돌의 기억

티엔 위안 시집 · 한성례 옮김

자음과모음

돌의 기억
© 티엔 위안, 2011

초판 1쇄 인쇄 2011년 8월 30일
초판 1쇄 발행 2011년 9월 14일

지은이   티엔 위안
옮긴이   한성례
펴낸이   강병철
주간   정은영
책임편집 임자영
편집   이수경 황여정 최민석
디자인   송민재 김희숙
저작권   김찬영 노유리
제작   장성준 박이수
영업   조광진 안재임 강승덕
마케팅   박제연 전소연
웹홍보   정의범 한설희 이혜미

펴낸곳   자음과모음
출판등록 2001년 5월 8일 제20-222호
주소   121-753 서울시 마포구 동교동 165-1 미래프라자빌딩 7층
전화   편집부 02) 324-2347 경영지원부 02) 325-6047
팩스   편집부 02) 324-2348 경영지원부 02) 2648-1311
이메일   munhak@jamobook.com
홈페이지 www.jamo21.net
커뮤니티 cafe.naver.com/jamocafe

ISBN 978-89-5707-591-3 (03830)

잘못된 책은 교환해드립니다.
저자와의 협의하에 인지는 붙이지 않습니다.
가격은 뒤표지에 있습니다.

차례

1부 돌의 기억

장마　11
시골 마을　12
고리키의 죽음　15
광상곡狂想曲　18
무덤　21
새와의 관계　23
별　26
해바라기와 나　27
바다 얼굴　29
망명자　31
잠언이 아닌　34
만종晩鐘　36
여명　40
꿈속의 강　41
우치다 무네히토內田宗仁에 바치는 만가　44
7월　47
기억　51
니시 공원의 손바닥　53
카메라—아라키 노부요시 씨에게　57
그림　60
이층의 아가씨　61

화석　65
여름 축제―가와바타 야스나리에게　66
음악　70
베이징 후통―덧붙여 다이왕수에게 보낸다　73
언색호　78

2부　그리하여 해안이 탄생했다

꿈속의 나무　83
깊은 밤　85
8월　88
일본의 장마　91
죽음과 관계가 있다　95
호수　97
꿈속 3호　99
알몸전화　101
피아노　104
질문일 리가 없다―다니카와 슌타로에게　107
나비의 죽음　112
요시노 산의 인상　114
소리　117
이때　119

향수 127
   바람 128
   무제 130
   10월 135
   겨울과는 관계없이 137
   걸식乞食 142
   나무—다니카와 슌타로의 「나무」를 읽고 143
   이국異國의 전차 146
   9월 148
   봄 151
   안단테칸타빌레 153
   후지산 157
   무제 160
   늙은 집 161
   죽음을 꿈꾸다 163
   새벽이 밝기 전의 기차—1989년 톈안먼에 있었던 한 여학생에게 166

3부 바람을 품은 사람

   계단—화가 히로토 에미에게 177
   밤의 벚꽃 180
   물은—노다 히로시 화백에게 182

바람을 품은 사람　184
초원에서　189
노랫소리　191
내 딸에게　193
작품 1호　195
귀뚜라미　197
기차가 창 강을 건너다　199
4월의 정서　200
아름다운 날　202
말 타는 사람·마부·말　205
봄의 고목　208
옛 도자기　210
꿈　211
단장斷章　212
고대음악　220

시인의 말 티엔 위안　223
해설 고이케 마사요　233
옮긴이의 글 한성례　237

1부 돌의 기억

일러두기

1. 이 책은 Tian Yuan의 일본어 시집 『石の記憶』(2009)와 『そうして岸が誕生した』 (2004) 그리고 그밖의 미출간 일본어 시편을 번역하여 한 권으로 묶은 시선집입니다.
2. 각 시편의 하단에 등장하는 각주는 대부분 옮긴이의 설명이며, 지은이가 삽입한 주석의 경우에는 별도로 괄호 처리를 하여 그 사실을 표기했습니다.

장마

수직으로 낙하하는 매화 향기는 장마에 젖지 않는다
바람에 기울어진 우산 위에 머뭇거리는 빗방울은
실크로드를 여행하고 싶어 한다
젖는 것은 발치에서 사라진 지평선뿐
산은 바람의 메아리를 숨기고
스펀지처럼 빗물을 탐욕스럽게 빨아들인다
나뭇잎은 맘껏 빗방울을 맞으며 푸른색을 더해간다
하늘 구석에 틀어박힌 태양은 제 알몸이 드러나기를 애타게 기다린다
곰팡이가 슬그머니 달 뒤편으로 퍼져가는 동안
썩은 나무는 버섯의 형태를 구상하고 있다

시골 마을

서술敍述로 가득한
기억을 따라 남쪽으로 내려오니
강가에 자리한 시골 마을에서
우연히 들리는 개 짖는 소리가
내 향수를 끌어낸다

전쟁으로 파괴된 목조 민가는 글자에 의해 복원되었다
맑은 물속에서
물고기 비늘은 그날의 별빛을 띠고
물밑에서 반짝반짝 빛난다

그렇듯 긴 세월이 흘러
강의 흐름은 지칠 대로 지친 붕대가 되었다
그것은 다친 마을이나 산을 싸맨다
급격하게 변한 세상의 선착장은
저 멀리 푸르고 맑은 물줄기를 바라보며
마치 늙기만을 기다리는 사공인 양

한바탕 쏟아낸 기침에 이어
거적을 씌운 검은 배를 저어
강을 거슬러 돌아간다

우뚝 솟은 고목에서
짹짹 우는 참새는
검은 돌길에 닿는 발소리를 세고 있다
무너진 옛 절에서
열반한 스님이 극락을 꿈꾼다

아련히 들려오는 뱃노래는
강 하류에서 메아리치고
배가 떠 있건만
강물은 흐르지 않고
자연의 소리에 섞이는 그 기침 소리

가려지지 않는 하늘은

거울이다
기억 속의 검은 반점을 반사한다
뒤집힌 시대의 그림자는
수중에서 흔들리며
희미해진다

여행지인 시골 마을
익숙지 않은 기운이 어둠으로 엷어진 밤
나는 꿈속에서 피를 토하고
늙은 사공의 담뱃대에서 깜박이는 불빛이
나의 얼굴을 밝게 비추는 순간을 꿈꾼다

고리키의 죽음

사랑하는 아들 막심 페슈코프의 죽음이 당신을 슬프게 하고
그 슬픔은 모스크바 교외의
드넓은 자작나무 숲과 대조를 이룬다
막심 페슈코프의 꿈은 그곳에서 자란다

1936년 5월 어느 날
고르키 마을로 가는 도중
당신은 아들과 대화를 나누고 싶어 묘지에 들렸다
고요한 발소리는 천만 톤을 넘는 무게감이었다

당신은 그로 인해 죽음에 이르는 유행성 독감에 걸렸다
병원의 공기는 당신의 기관 속에서 휘몰아치고
링거주사 수액은 당신의 혈관 속에서 끓어오른다
당신은 피를 토했으나 그 빛깔은
혁명의 붉은색에 미치지 않았다. 공산주의의 산소봄베의
산소는 당신이 모두 들이마신다

당신은 아들의 신부에게
봄에 죽고 싶다
새싹과 꽃의 품에서 죽고 싶다 했지만
죽음의 신은 당신에게
죽음의 봄을 부여하지 않았다

첫번째 아내 에카테리나 보르지나는
당신의 대지
두번째 아내 안드레 에바는
당신의 하늘
당신의 마지막 날에 그녀들은
슬픔에 겨워 고통스러운 눈빛으로 당신을 떠나보냈다

스탈린의 문병에 당신은 흥분했다
(그자야말로 당신 죽음의 원흉일지도 모른다)
고리키— 하늘 높이 나는 바다제비여
날개 위의 햇살은 얼마나 찬란하게 빛날까

1936년 5월 18일
당신의 이름을 붙인 비행기의 추락은
일종의 조짐인 듯했다
6월 18일 오전 2시 10분
알렉세이 막시모비치 페슈코프*가 죽다

---

* 알렉세이 막시모비치 페슈코프(Peshkov Aleksey Maksimovich): 러시아 소설가이자 극작가 막심 고리키의 본명.

광상곡 狂想曲

해저의 성은 물이 어루만지자 제멋대로 상상한다
시간은 차츰 역사의 모습을 복원한다
벼랑 위에서 백 미터 높이인 불상의 귀는 바람에 날려 떨어지지만
여전히 눈을 반만 감고 세속의 눈으로 귀를 기울인다

인어는 해초로 지은 치마를 입고 경쾌하게 춤추고
침몰선에서 수장을 꿈꾸는 선장
잔 물고기는 상어 입안에 숨어 잠시 쉬는데
해면에서 햇살을 누리는 다시마는 햇볕에 팔을 그을렸다

사막은 폭풍의 습격을 갈망하고
초원에서 말은 격렬하게 교배한다
도마뱀은 완강히 저항하는 벌레를 뒤쫓는다
땅속의 굶주린 정령은 철탑에 억눌리고
그 호수의 어귀에는 천둥이 내리친다

한 그루 거목이 쓰러지며 낸 땅울림은
숲의 한숨이다
새들은 총소리의 상처를 짊어지고
둥지로 돌아가 알을 낳는다
날다람쥐는 검은 유령처럼
나무에서 나무로 건너뛰며
먹이를 찾으려 한다

유등은 강을 따라 흘러
한층 탁해진 수면에서 반딧불처럼 빛나서
사람들에게 내면의 감탄을 발하게 한다
불꽃은 소녀들의 사랑 노래 속에서 꺼지고 만다
장작을 묶는 나무꾼의 새끼줄은 뱀이 되어
산허리에서 꾸불꾸불 늘어난다

목동은 단도로 산양의 배를 가르고
처마지붕에서는 비밀을 가득 담은 표주박이 깨진다

절멸한 맹수는 전설 속에서 부활하고
미라의 우울함은 시간이 해독解讀한다
순한 양 떼는 굶주린 늑대의 눈동자를 피하지 못한다

몽골, 지평선에 오르면 펼쳐지는 초원
베네치아, 서서히 바다에 잠긴 도시
북중국, 황사로 조금씩 매장되는 대륙
지구, 문명에게 충분히 고통받은 별

인류는 달 표면에 수많은 거짓을 낙서하고
우주의 쓰레기는 은밀히 대서양에 추락한다
인간이여! 우리는 차분히 바람 소리에 귀를 기울이고
떠오른 태양과 달빛을 바라보자
그 빛 아래 우리 서로의 얼굴도 확실히 보자

무덤

지저귀던 몇 마리 새가
주위의 적막을 깨고
무덤 위로 내려앉는다

청량한 바람이 한차례
눈에 보이지 않는 나무빗처럼
무덤 위 마른풀을 쓸어 넘긴다

죽은 자는 실려와 묻히고
슬픔과 기억은
그때부터 여기에 정착한다

산 자는 찾아와
묘비 앞에서 손을 모으고
발자국을 남긴 채 떠나간다

사막은 낙타의 무덤

바다는 어부의 무덤
지구는 문명의 무덤

무덤은 죽음의 또 다른 형태
아름다운 유방처럼
대지의 가슴에 봉긋이 솟아오른다

무덤도 성장한다, 그 자리에 솟은 채로
홍수가 밀려들어도
폭풍우에 모래 먼지가 뒤덮어도

무덤은
지평선에 자라난 귀다
누구의 발소리인지를 금방 알아차린다

새와의 관계

날아오거나 날아가거나
그건 새들의 사정이건만
그들의 움직임은 늘 내 기분에 영향을 준다
그런 까닭에 새 우는 소리가 어느 때는 노래하듯이 들리고
어느 때는 몹시 슬픔에 잠겨, 슬피 흐느끼는 소리처럼 들린다

잔뜩 흐린 날 새들은 날개를 움직여
멀리서 태양 빛을 짊어지고 와서
내 어둑한 마음을 따스하게 밝혀준다
하늘이 맑게 갠 날은
내 어둡고 차가운 실내가 금방 새들의
지저귐 속에 생기가 넘친다

살아 있는 새는
내 죽음의 증인이 된다
화집畵集에 정지한 새는
내 호흡과 시선을 알아차린다

설령 어두운 꿈속일지라도
새는 마치 번개를 내려치는 요괴처럼
노랫소리를 남기고 제 그림자 속에 숨는다
새들의 깃털 색과 눈빛을 기억하지 못하게 한다

종종 내가 창을 마주하고 앉아
상상하는 새는
큰비를 몰고 와
격렬하게 날개를 떨면서
거세게 내리는 빗줄기처럼
대지에 부딪는 새다

새들이 늘 물을 마시며 발을 씻는 강이
구불거리며 굽이친다
완만한 곳에는 풀을 무성히 우거지게 해서
독사의 입을 그 속에 잠기게 하고
완만하게 굽은 물줄기는 수관樹冠과

나뭇가지에 자리 잡은 새 둥지를 쓸어간다

그리고 그 모든 일체가
투명한 유리창 안에서 발생하는 것이다
얇고 깨지기 쉬운 유리는
나와 새 그리고 세상과의 거리다

어느 날 우듬지에서 날아오른 새는
불꽃처럼
순식간에 사라졌다
그 새가 남긴 울음소리는 꼬리를 끌며
내 고요한 가슴을 놀라게 했다

별

하늘에는 국경이 없기에
모든 별은 자유로이 반짝인다
밝은 별, 어슴푸레한 별, 깜박이는 별도
지구에서 별표는 별의 수보다 많다
그것은 나라와 인간의 차이에 따라 나뉜다
그러기에 인류는 아무리 별을 동경해도
별표는 그저 별표일 뿐
스스로 빛을 발하지 못한다

해바라기와 나

달이 빛바랬다, 별은
맹인의 눈동자다
여인의 해바라기는 수척해진 태양 아래
잘 여문 그녀들의 비밀의 씨앗을
내가 손가락으로 집어서 입에 넣고
이로 하나하나 깨물기를 기다린다

해바라기가 베어진 순간 애정도
잃었다, 대지에 남겨진 해바라기 줄기는
아무 이유도 없이 발기하는 페니스처럼
허공에 단단하게 솟아 있다 그 피가
초록에서 하얗게 변하여
바람이 부는 대로 흘러가
대지에 아무런 흔적도 남기지 않는다

수확하기 위한 내 낫은 기억의 벽에서
녹슬었다, 번득이며 빛나는 것은

해바라기 씨라는 작은 비수다
그녀들의 이는 무지러졌다
이와 이 사이에서 태양 빛과 열을 발하고 있다

해바라기의 씨는 액체에서 육체로 변한 인간과는
다르다, 그녀들은 고체에서 액체로 변하고
하얀 액체는 내 혀를 통해
식도로 넘어간다, 그녀들의 피부에 굳어버린
햇살과 달빛과 번개와 함께
씨앗은 소녀의 향기를 띠고
내 혀와 이 틈새에
들러붙는다

꿈도 욕망도 하얗다
나는 같은 미각만으로 만족하지 못한다

바다 얼굴

거대한 빨판처럼 바다 얼굴은
때로는 온화하게 때로는 무섭게
물결 사이로 관용과 혹박함을 동시에 숨긴다
반복해서 해변을 적시는 바닷물은
바다의 입에서 흘러나온 군침

모든 배는 바다의 먹이
다정한 돌고래도 흉포한 상어도
바다에서 떠올라 바다로 저물어가는 태양도
바다에 묻히는 뱃사람의 영혼조차도

이따금 입을 크게 벌리는 바다는
하얀 물보라를 일으켜 세상을 비난하고
두려움에 떠는 갈매기는 어둠 속에 모습을 감춘다
고목은 쓰러지고 집집마다 지붕은 날아가고
무지개는 우산을 펼치고

지구에 휘감기는 수평선은 바다의 머리카락
섬은 코, 파도는 혀, 암초는 송곳니
하지만 당신과 나를 바라보는 바다의 얼굴 전체는
아무도 묘사하지 못하고

망명자

조국의 바람은
당신 가슴속의 등불을 꺼버렸을까
아니면 이국땅의 태양이
그대가 먼 길 떠나기를 유혹했을까

몸의 방향을 바꾼 것이 배신행위는 아니지만
그러나 몸의 방향을 바꾼 순간
당신과 함께 성장해온 지평선은
역시 당신의 발치에서
필사적으로 발버둥치다 사라진다.

먼 그곳은 당신이 짊어진 온갖 두타대*다.
그것을 짊어지고
당신의 모국어를 짊어지기라도 한 듯
귀에 익지 않은 새의 지저귐과 빛으로 당신을
길들인다

바다는 영원히 큰 눈으로 바라보면서
모든 배를 움직인다
하늘은 영원히 무자비해서
어떤 사람의 영혼도 머무르게 하지 않는다

먹구름보다 무거운 것은 누구의 기분일까?
칠흑 같은 밤보다 더 암흑인 것은
어떤 사람의 눈일까?

물에 떠내려가는 뗏목 같은 망명자는
자신의 안식처를 단정하지 못한다
그의 두 다리는
운명에 꽉 붙잡힌 북의 북채다
언제든 어디서든
대지의 이 지친 북을 두드려서 울린다
피안보다 더 먼 것은 진리다
추방보다 더 긴 것은 모욕이다

망막에 비친 풍경은 지리멸렬
조국은 변함없이 그가 꿈에서 본 고향
향수는 비린내 나는 부두에서 시작되고
모국어는 죽을 때까지 이어진다

---

* 두타대(頭陀袋): 불교 용어. 세상을 돌아다니면서 도를 닦는 승려가 옷을 더럽히지 않기 위해 삼의를 넣어 목에 걸고 다니는 자루.

잠언이 아닌

그대 주변에서 불던 바람이 사라졌다
하늘은 장난삼아 높아질 정도로 개었다
우리가 기대던 큰 나무가
늙기 시작했다

그러자 그대도 바람처럼 사라졌다
찾아든 땅거미는
그대의 발자취를 죄다 주워 갔다
기억의 모래밭에서
나는 부서져 텅 빈 배가 되어
휘몰아치는 폭풍을 피하듯
헐떡이며 벼랑에 다다른다

바람이 몽땅 그대에 기대어 사라진 듯하다
정체된 공기 속에
모르는 얼굴이 떠오르고
그대와 나 사이를 가른다

낮과 밤의 경계선에
복잡한 세계는 변장했다

나그네는 고독과 거리에 무감각해지기 시작한다
홍수가 범람하는 것은 강이 벼랑을 배신한 탓이다
얼굴이 붉어진 노부인처럼 항로표지가
수면 위에 우화寓話를 쓴다

그대가 사라진 뒤
그대는 항상 강과 연관된다
그대가 사라진 뒤
나는 바람의 유골이 되어
지평선에 흩어졌다

만종 晚鐘

지금 나는 그 거추장스러운 울림 속에서 늙어간다
폭풍이 그친 뒤의 해수면처럼 소리의 물결이
모래사장과 바닷가를 부드럽게 핥는 지금
종소리에 뒤덮인 도시는 늙어간다
칭칭 매인 인간은 끈을 뿌리친다
낮에 그들은 정신의 깃발을 내걸고서 숙면하고
밤에 그들은 이상의 창을 매고 몽유한다
종소리는 문란한 발자취에 밟혀 부서져서
바람을 타고 세상 끝까지 날아간다

선잠 자던 수목만은 종소리를 거부하는 듯하다
터서 갈라진 살갗에 덮인 나이테 속은
종소리의 음반이다, 나무 안에서 울리어
나무속에서 겨울잠에 든 곤충을 깨우지만
그 또한 한밤중에 가지에 다시 날아든 새들에게 거는 최면곡이다
종소리 종소리

그 비행하는 소리와 낙하하는 소리는
폭포가 하늘에서 흘러 떨어지듯 격렬하고
버들가지가 너울너울 하늘거리듯 부드럽다
구름에 닿아 구름은 소리의 꽃을 피우고
논에 대지에 머나먼 별처럼 떨어진다
종소리 종소리

종을 울린 손가락은 오래전에 땅속에서 부패했다
그러나 선조의 죽지 않는 영혼은
어느 땅속에서 귀를 기울이고 듣는다
종소리는 육조*와 오부*에 울려온다
고대 로마, 인도와 티베트 고원에 울려온다
별이 가득한 하늘과 땅의 표면에 울려온다
돌은 그 울림 속에서 가루가 된다
큰 강은 그 울림 속에서 말라버린다
인류는 그 울림 속에서 살고 죽는다

나는 종소리 속의 폭동과 봉기를 떠올린다
종소리 속의 음모와 계략도 떠올린다
어두운 세월에서 종소리는 종소리다
밝은 나날에서 종소리는 역시 종소리다
시간은 그 음질을 바꾸지 못하지만
그것은 오히려 시간과 하루하루를 바꾸어간다

그것은 언제나 커다란 검은 날개를 파닥이는
박쥐처럼 때로는 내 눈을 가린 적이 있지만
까마귀 같지 않고 사람의 원망이 울음 소리에 들었다
종다리 같지 않고 지저귀는 소리가 아름답다
그리고 징 같지도 않고 상쾌하게 울린다
어머니가 부르는 소리와 같다

울려 퍼지는 그 소리를 천둥소리는 낮추지 못한다
그보다 더 큰 감동을 선사하는 음악도 없다
나는 종소리 안에서 살고 역사를 경청한다

나는 종소리 안에서 죽고 미래를 경청한다
그리고 그 안에 살며시 매장된다

종소리는 돌과 불에서 온 것임을 안다
그것은 선조의 목숨과 지혜의 결정체라는 것도
잘 안다

---

* 육조(六朝): 서기 3~6세기경 중국의 여섯 왕조. 오(嗚), 동진(東晉), 송(宋), 제(齊), 양(梁), 진(陳).
* 오부(伍府): 오군도독부(伍軍都督府)의 약칭. 대도독부를 1380년에 전·후·좌·우·중의 다섯으로 나눈 것.

여명

한 마리 새가 아침 하늘에서 외친다
여명의 껍데기를 쪼아서 부순다
첫 전철이 울리는 기적 소리가
예리한 검처럼
이른 아침 정적의 몸속에 찔러 넣는다

자명종 소리가 나를 깨우지 않는다
여명은 이미 새빨간 바다에서 솟아올랐다
한기를 온몸에 휘감고
내 창 앞에 멈춰 선다

꿈속의 강

꿈속의 강은 내 고향을 넘쳐 흐른다
전설 속의 강을 닮아
어렴풋이 남은 채찍 자국
대대로 사람들의 기억 속에서
끊임없이 매를 맞는다

아치형의 돌다리가 놓여 있다
여전히 돌의 강인함과 견고함으로
무게를 견뎌내고 바람을 막는다
난간에 달라붙은 뗏목은 정처 없이 떠도는 일에 지쳤고
다리 옆 비문을 아는 사람은 이제는 없다

꿈속의 강은 서쪽에서 동쪽 바다로 흘러든다
그 상류는 고원과 눈 덮인 산으로 이어진다
그곳은 천국과 가까워
뼈를 묻기에 좋은 곳이다

아득히 먼 선조 때부터 사람들은 강의 혜택을 받으며 살다 죽
었다
　가문 논밭은 강물을 끌어다 양식을 만들었다
　꿈속의 강
　마치 전승되지 않은 모국어의 한 구절처럼
　고향의 대지를 울리고 퍼져 나간다

　홍수에 휩쓸려 부서진 집들은
　이미 꿈과는 관련이 없고
　무너진 그 둑은
　소와 말이 밟아 단단해지고 다져져서
　잠자리와 소년들이 달려간다

　작은 선착장에 보이지 않는 손이
　배를 매어놓은 끈을 푼다
　그러나 그곳을 찾아온 다른 한 척의 배는
　고향을 그리는 마음을 가득 싣기라도 한 듯

숨을 헐떡이며 육지에 닿으려 한다

우치다 무네히토 內田宗仁에 바치는 만가

우치다 무네히토, 1972년 5월 18일 사가 현 요시노가리 부근의 미타가와에서 태어났다. 1995년 3월 덴리 대학교를 졸업했고 재학 중에는 럭비 클럽의 주요 멤버였다. 내가 이 대학에 유학했을 당시, 그와 같은 기숙사에 살았다. 그때 우치다는 기숙사의 책임자였다. 알고 지낸 2년 남짓한 기간 동안 형제처럼 가깝게 지냈다. 1994년 말에 우치다의 본가에 놀러 가 일주일을 보낸 적도 있었다. 지금도 소중한 추억이다. 2001년 12월 초순 우치다가 스스로 목숨을 끊었다는 부고를 받고 너무 놀라 머리가 텅 비어버렸다. 고통과 슬픔으로 마음이 무너져 내렸고, 눈물을 흘리면서 이 시를 썼다.

햇살을 받으면서도 나는 추위를 느꼈다

떨리는 양손을 서둘러

머리에 찔러 넣어

자살이나 사망에 관한 모든 말을

후벼 파내려고 했다

12월의 갑작스러운 부고가

따스한 햇살과 내 몸을 얼어붙게 했다

그것은 내 남향 창 밖의

얼어붙은 폭포처럼 긴 칼처럼

하늘을 찌르고

내 시선이 맞닿은 곳에 우뚝 솟는다

눈부시고 차가운 태양 빛 속에서

세상은 이 얼마나 창백한가
창백한 세상에서
사나운 낯짝을 한 악마가
나타났다가 숨었다가 한다
때로는 시뻘건 송곳니를 드러내며 악마는
만물을 위협하고
때로는 살아 있는 사람의 영혼까지도 통째로 삼키는 거대한 혀를
입속에 감추고
마치 위선자와 같은 얼굴을 한다

그러나 당연하지만 넌 무고하다! 무네히토
실은 내가 너보다
태양 아래 죄악과 함께 살아가야 하는 고민을 더 잘 알지만
그걸 나는 따져 묻고 싶지 않은데 넌 어째서
죽음의 봉인지를 내 입술에 잔뜩 붙여놓고
럭비공을 품었던 두 팔로
자신의 생명을 내던져버렸나

......

지금 나는 그저 조용히 기도할 따름이다
스물아홉 네 젊은 태양이
언제까지고 타오르게 해달라고
그리고 마음 한구석에 너를 위해
푸른 벽돌의 새집을 지어
네가 영원히 안식 속에 몽상하게 해달라고

너의 선택에 맞서서
침묵은 육체 안에서 화석이 되고
샘처럼 솟는 뜨거운 눈물은 부질없어졌다
나도 늙을 것이고 언젠가는 떠나겠지
그때 반드시 한바탕 부는 바람으로 변하여
이미 돌에 새겨진 너의 이름을
살랑살랑 어루만져주리라

7월

7월은 소녀의 유방을 키우고
소녀의 손가락을 길어지게 한다
7월의 소녀는 상냥하고 대담하고 다정하다
그녀는 지금까지 살아온 모든 나날을 접어
앞으로의 나날을 이어간다
가을바람이 낙엽을 날려버리듯이
내 앞에 놓인 나날이 하늘로 이어진다

지평선 그늘에서 말라가는 7월
석류 씨 같은 내 눈물은
시뻘겋게 달아오른 돌이 되어
대지를 검게 태운다
눈초리가 짧아져
해안과 산들이 보이지 않게 된다
바다는 소녀에게 욕정을 품고서 만조가 된다
파도가 내 눈꺼풀 아래 용솟음친다
이 빠진 칼 위로

바람은 시간을 잡아끌어 역사와 함께 드러눕는다
기억의 상처가 전율한다
죽음에 이른 노인이 생기를 잃고 명령하는 말은 더러운 소금 알갱이처럼
그 상처에서 녹는다

7월은 금속과 두 손의 힘을 빌려
금속을 제련하는 다른 이의 양손에 수갑을 채운다
본래 금속은 다리와 레일
혹은 로켓과 펜을 만들지만
이곳에서 금속은 죄인과 함께
어둠의 감옥에 갇혀 녹슬어 스러진다

욕정이 포식한 7월은
폭우와 홍수의 세례
큰 강의 탁류가 바다에 쏟아져 들어온다
물고기 배 속의 비밀이 여문다

매미는 매미 울음소리 속에서 죽어가고
악어의 눈물은 악어를 독살한다
개구리의 울음소리, 소라와 윙윙 춤추는 모기는
육체를 찬미하는 시편을 낭독한다

7월, 구름은 소녀의 가슴골에 몸을 피하고
우레를 숨긴다
구름의 구두를 신고 대지를 떠도는 소녀는
연꽃 같고 부평초 같다
작아서 소녀의 피부에 빽빽이 감추어진
그 마음의 흙에서 튀어나온 씨앗처럼
내 혀끝에서 부풀어 오른다

아이의 웃음소리가 들리지 않는다
노인의 부드러운 눈빛도 보이지 않는다
7월은 소녀의 머리카락에 단단히 켕겨
소녀의 한숨이 독차지한다

나는 숨을 죽이고
땀에 흠뻑 젖는다

기억

인간의 기억은
지하 수로처럼 졸졸 소리를 낸다
피로도 모른 채
죽을 때까지 흐른다

역사의 기억은
바다와 마찬가지로 결코 사라지지 않는다
지구가 붕괴한다 해도
다른 별로 흘러간다

신의 기억은
항상 말이 없는 하늘처럼
진리가 묵살을 당해도
침묵인 채로다

전쟁의 기억은
흐르는 모래에 삼켜진 묘지

미사일의 파편이 녹슬고 썩어도
슬픔은 남는다

수목은 새싹을 기억하지 못한다
모든 것을 연륜에 숨기려 해도
톱으로 인해 드러난다

니시 공원*의 손바닥

몇 번이나 너를 통과했다
간신히 너의 이름을 기억했다
니시 공원이여, 내 행선지로 통하는 길은
몇 군데가 있지만
무슨 까닭인지
나는 매번 나도 모르는 사이에
너를 거쳐서 간다

네 이름을 떠올리면
공원이라는 개념이 맘속에서 작게 느껴지기 시작한다
손바닥만 한 크기의 너
주위에 우거진 큰 나무들은 네 손가락 같다
사계절 푸른 나무 아래를 지날 때마다
마치 연인이 애무를 해주는 듯하고
마음속에 기생하는 악이나 얽힌 생각조차
네 짙은 푸르름에 깨끗이 걸러진다

언젠가 서둘러 가려고 너를 비스듬히 가로질렀더니
네 손바닥의 생명선 위를 지나온 듯해서
문득 내 운명의 절실함이 느껴졌다
너와 만난 이상야릇한 분위기
긴 의자로 이어지는 그 샛길은
부둥켜안은 남녀 한 쌍과도 통한다
나는 그 길을 네 애정선이라고 가정한다
북쪽에는 이제 달리지 않는 기관차가
옆에 서 있다
불을 땐 무수한 석탄보다도 더 검은 차체가
역사를 복원하여 아주 조용해졌다

네 손바닥 한가운데에 서면 항상
 빵 조각을 잘게 썰어 길고양이에게 먹이는 노인에게 감동받는다
 때때로 나뭇가지에서 소란을 피우거나 똥을 누고
 그러다 사람들을 향해 급강하하는 까마귀에게

안타까움이나 무서움을 느끼기도 한다

나는 매일 자전거 페달을 힘주어 밟으며 지나간다
그 조금 넓은 길은
네 두뇌선이라고 해야 할까
그 선은 바로 옆 히로세 강*에 의해 끊어지지만
네게 인접하여 동서로 달린다
나카세 다리*를 따라
서쪽으로 향하면 역시 너를 통해
태양의 고향에 들어가게 된다

니시 공원이여, 나는 감히 말하리
나를 포함해서 너를 통행로로 삼는 사람은
네가 볼 때는 다들 분주하게 지나는 여행자에 불과하다
넌 장수라든가 운명을 결정하지만
네 이름을 기억한 인간을 기억할 리 없고
하물며 네 손바닥을 휘둘러

기억을 못 하는 사람의 따귀를 칠 리도 없다

---

* 니시 공원: 센다이 시 중심부에 위치하는 벚꽃으로 유명한 공원.
* 히로세 강: 센다이 역의 서쪽에 있는 강.
* 나카세 다리: 센다이 시 아오바 구를 흐르는 히로세 강의 다리.

카메라
— 아라키 노부요시* 씨에게

당신에게 카메라는 남녀의 화신이다
줌 렌즈는 페니스
셔터 버튼은 클리토리스
몇 차례 당신의 손가락이 닿자
강렬한 순간이 세상에 남았다

당신에게 카메라 파인더는 세상을 엿보는 구멍
세상은 당신의 눈앞에서 흑백을 변명하지 않는다
요염한 색채, 유연한 움직임
피사체와의 간격은 당신과 세계와의 거리
손만 뻗으면 만져지는데도
훨씬 더 멀리 떨어져 있다

당신에게 생명은 어쩌면 슬픈 기억
태양 빛 아래 늙어가는 푸르른 수목
뭉게구름 아래 지친 도시

잊히고 사라지는 폐허마저도
고양이와 도마뱀 장난감의 눈빛까지도
당신의 손에 의해, 자신을 초월한 오묘함이 조용히 깃든다

당신에게 카메라야말로 자유
모험하는 손가락은 사고하는 온도계
세상의 변화와 소녀의 체온을 측정하고
하얀 유방의 유륜이 붉게 발열할 때
육체가 영혼의 절규를 토해낼 때
지나간 것은 영원히 남고
미래는 과거가 된다

열린 육체를 앞에 두고
당신은 보여준다
아름다움 속에 숨겨진 욕망을
욕망 속에 숨겨진 아름다움을

* 아라키 노부요시(荒木経惟): 일본의 누드예술 사진가이자 현대미술가.

그림

바람은 구르고 기면서
골목으로 와락 밀어닥친다
비틀거리는 나에게
골목은 눈썹을 찡그린다

태양은 잠깐 사이에 키를 늘여
초췌한 빛으로
베란다의 분재 위로 내리쬔다
한숨을 들이쉬고 나는
가던 길을 계속 간다

끝은 도도히 흐르는 큰 운하다
한 노인이 삿갓을 쓰고
민요를 노래하면서 노를 젓는다

나는 조용히 잠시 멈춰 서서
시 쓰는 펜을 단단히 쥔다

이층의 아가씨

때로 그녀가 내는 발소리의 폭격이나 그녀가 샤워하는 격렬한 빗발을
참아야만 했다

그녀 발아래에 사는 생활이 꽤 길어져
소음에 어지러워진 나는 마음속으로
환상의 물보라를 출현시키기 시작했다
먼저 내 방과 같은 구조의 방을 상상했다
남향인 두 개의 방은 도로에 인접해서
봄에 핀 벚꽃의 고목이 유리창에 아른거렸다
내 침실 위는 그녀의 침실
내 욕실은 그녀의 욕실과 이어져 있다
그녀의 폭포는 내 화장실 배수관을 통해 지하로 흘러들었다
때로 우리는 운 좋게도 같은 시간에 뛰어들었다
나는 나 자신의 건강한 나체를 즐기고
그녀도 거울을 향해 그 자신의 유방과 팔다리를
바라보고 있을지도 모른다

아침에 나는 외출하고 그녀도 외출했다
우리는 복도에서 우연히 만나
미소를 지으며 가볍게 눈인사를 나눴다
그녀의 눈동자는 절경
종종 그녀는 나보다 앞서 걸었다
계단을 내려갈 때 그녀의 흐트러진 머리는 절경
계단을 오를 때 그녀의 엉덩이는 절경
때로 우리는 엘리베이터 앞에서 나란히 기다렸다
그때 그녀의 풍만한 가슴과 수줍은 표정도
또한 절경

주말에는 그녀에 대해 긴 꿈을 꾸었다
늘 장식 달린 커튼이 높이 떠오른 다음 날의 태양을 거부했다
우리의 침대가 같은 위치에 놓여 있듯이
그녀의 부드러운 꿈이 떨어져 내려 내게 부딪혀
깨어나는 꿈을 나는 자주 꾸었다
그녀의 꿈은 투명할 만큼 희고 따스했으며

헤아리지 못할 만큼 어루만진 아름다운 유방이 떠올랐다
꿈속에서 몇 번이고 그녀의 유방을 움켜쥐었듯이
내 손은 이불 귀퉁이를 꽉 잡고 있었다
한차례 경련이 지난 후에 깨어났다

나는 언제나 한 아가씨의 손을 잡고 데려와서
청춘을 호사스럽게 사용했다
낯선 남자가 우연히 그녀의 방에 들어가
그녀는 문을 꼭 닫고
둘의 입이 맞닿을 때
입속의 혀는 미친 듯한 난무였다
그때 그녀의 향기로운 숨결은 내 온몸에 가득 차고
내 옥상은 요동치기 시작하고
그것들은 물마루의 배처럼
선체는 흠뻑 젖어서, 노를 젓는 소리도
흠뻑 젖어서, 왜 좋은지 모르는 나도
흠뻑 젖었다

그녀의 창은 내 창 위에 위치한다
맑은 날이면 빨래 대에 걸린 그녀의 브래지어나 팬티의 그림자를
바람이 내 베란다로 불어서 떨어뜨리고
그때 내 방에는 그녀 청춘의 황홀한 숨결이 가득 찼다

그녀는 늘 나를 제압했으나
내 망상의 피해자였다

화석

밤하늘을 날아다니는 박쥐의 울음소리를 들으면
어둠의 본질을 알게 된다
아득히 먼 옛날부터 대지의 캄캄한 어둠 속에서
오롯이 홀로 견디어온 고독한 화석은
쏟아지는 유성우*에 젖기를 갈망한다

여름 축제
― 가와바타 야스나리*에게

지금은 여름, 나는 당신을 위해
난로를 켜고, 동아시아
바다에 둘러싸인 당신의 고향에서
중국에서 온 한 젊은 시인의 손이
추위에 떨립니다

나는 말을 채찍질하여 동쪽으로
한 편의 시와 홀쭉하게 야윈 얼굴 때문에
바다와 근심을 띤 눈빛 때문에
분명 바다를 건너왔습니다

여름과 난로를 마주하고
나는 타오르는 불꽃 속에서 봅니다
당신의 온몸에 돋아난 비늘 같은 눈송이가
뽀얗게 하늘거리며 내 눈앞에
내려오는 것을

하여 나는 다시 떨리는
여름날 바깥, 태양의 위쪽
혹한에 갇힌 설국*을
그 누가 무거운 발걸음으로
걸어갔는지

설국과 마주하여 당신이 끝도 없이
글을 쓰던 일본 땅에서
당신의 을씨년스러운 일생을
나는 읽었습니다
우러러보며 귀를 기울이면
당신은 의연하게
홀로 천천히 걷습니다
이즈의 무희*들은
당신을 위해서 춤추며
벚꽃처럼
당신을 향해 떠돌고

거리의 나무들도 당신을 위해 춤추며
천년 고찰의 범종도 당신을 위해 울려 퍼집니다

그러나 당신은 말 없는 하나의 돌
얼음처럼 차갑고 뜨겁게 불타오르며
그러다 차츰 갈라진 틈을 드러내는
그것이 가와바타 야스나리 당신의 근원입니다

당신의 근원과 그 흐름에 따라 떠다니며
중국에 대해 익히 잘 아는 당신을 경외하며
가와바타 야스나리여! 나는 한낱 중국의 시를
오천 년의 참 소리를 가졌을 뿐입니다

이것은 언제나
우리의 말들이 소리 높여 울며 강 저편을 돌아서 달려오는 것을
아련히 다시 생각나게 하고
또다시 말들이 투두둑 날듯이 달려와

나를 짓밟고
꿈에서 일어난 감동을
떠올리게 하는

어쩌면 나는 아직 젊어서 모를 수도 있습니다
말이 있는 나라에서
말들이 왜 화를 내며 이리저리로
도망치며 사라지는지
말이 없는 나라에서
당신, 그 야위고 사나운 말이
왜 이리도 서둘러 하늘나라로
날아가버렸는지
가와바타 야스나리여! 가와바타 야스나리여!

• 가와바타 야스나리(川端康成): 소설가. 일본의 전통미에 기반한 문학 세계를 창조.
• 『설국』: 가와바타 야스나리의 장편소설. 일본의 근대 서정문학의 대표작.
• 『이즈의 무희』: 1926년 발표한 가와바타 야스나리의 장편소설.

음악

나는 쏟아지는 폭포에 젖었다
햇살 비추는 산마을은
비상飛翔을 꿈꾼다
산양을 타는 소녀는
도시의 광장을 가로지른다

호수를 둘러싼 나무들은 흔들리며 신록을 이루고
호수 바닥의 세계는 하늘보다도 높아간다
물가에서 나는 물 마시는 백마의 눈 속에서
초원을 보았다
초원, 초원
푸른 잎들의 향연

사막의 공주가 시집을 간다
높은 산에 구름 꽃이 걸리고
새 떼들이 숲에서 날아오르고
신부를 맞이하는 낙타의 방울 소리는 갈채가 되어

고비사막과 오아시스에 메아리친다

사랑이 샘솟는 강은
알을 낳은 물고기 떼를 어루만지고
바람이 불어와 살며시 유등을 끈다
침묵하던 물가는 입을 열어
멀리까지 항해하는 이를 기도하며 배웅한다

보이지 않는 손은 죽은 자의 넋처럼
상상 속의 거문고를 탄다
아련한 슬픔이 통소의 구멍에서 튀쳐나온다
나는 그 작은 상심 속에서 갓파*가 노래하며
연못에 빠진 소년을 손바닥 위에 올리는 광경을 보았다

풍경은 풍경에 포개어지고
길과 길은 이어진다
끝없는 지평선을

힘차게 달려간 황금 마차는
잘랑잘랑 소리를 남기고 갔다

---

* 갓파(河童): 일본 민담에 등장하는 상상 속의 동물로 맑은 물속에 살며 어린아이 같은 울음소리를 낸다고 함.

베이징 후통*
— 덧붙여 다이왕수*에게 보낸다

비 오는 날이었던가
나는 새로 산 접이우산을 쓰고
후통에 빠져 헤매었다
내가 갈 곳을 잃었을 때
문득 생각났다
젊은 시절 한때 열중했던 당신의
비에 젖은 양쯔 강* 남쪽의 골목과 빗방울이 톡톡
당신의 종이우산에 떨어지는 소리

여기는 당신이 쓰러져서 묻힌 북방이다
구름과는 가깝겠지만
강물과는 멀고
두 개의 큰 강이 갈라놓은
천 리 길 저편 당신의 고향처럼 멀다
이 강은 물결이 흘러 시내에 닿기 전에
말라버릴까 두려워하는 듯하다

고층 아파트 옥상을 분주히 스쳐 가는 소나기구름은
한 방울의 비도 내리지 않고
질겁한 듯
멀리 사라진다

이젠 이곳에서는 비 오는 날에도
접이우산을 쓰는 일이
해마다 줄어들지만
설령 내가 후통을 걸을 일 없이
몹시 우울해하지 않아도
빗속에서 느끼는 상쾌함은
영롱하게 반짝이는 눈물처럼 투명하다
사람과 차가 왕래하는 콘크리트 도로에서는
수줍음을 띤 아가씨와
마주칠 일이 없다

금방이라도 비가 쏟아질 듯 잔뜩 구름 낀 하늘을

여기에서 몇 번이나 공허하게 올려다보지만
실제로는 하늘의 장난으로
천지를 뒤덮는 모래먼지 폭풍이
입도 벌리지 못하게 하고 눈도 뜨지 못하게 하여
누구나 다 생매장하려는 듯하다
좁고 긴 후통에 우두커니 서서
빗방울이 두드리는 당신의 그때 그 음률을 듣자니
가령 시골에서 온 소녀들의 몸에서
라일락 향기를 맡지는 못한다 해도
이 시대의 근심과 걱정은 당신 시대의
아슬아슬함보다도 어찌 보면 더 자기 파괴적이다

목적도 없이 후통을 거닐다가
나는 땅과 맞닿은 창문 너머로
비 내리는 하늘과 빌딩 숲을 원하는 많은 눈빛을 보았다
저 멀리 바라다보니
1930년대가 떠오른다

당신이 사로잡혔던 상하이와 홍콩
흠뻑 젖은 가로수 아래에서
난폭한 자동차는 그 시대의 학살자가
인간성을 짓밟으며 칼을 휘두르듯
자꾸만 모진 소리를 내며 도로를 깎아냈다

비 내리는 항구, 후통
한 세대를 갈라놓은 세월
그때의 중국은 몹시도 가난했지만
원고료에 의지한 당신의 파리 유학 생활을
사람들은 동경한다
지금의 중국은 풍요로워졌지만
시인들은 아직 유럽으로 갈 여비가 없다
그 옛날 비 내리는 항구를 떠돌던
당신은 가난한 중국의 부유한 자였다
풍족해진 베이징 후통에서
시인들은 여전히 가난의 비명을 지른다

* 후통(胡同): 1267년 베이징에 건설된 좁은 골목길.
* 다이왕수(戴望舒): 중국 현대시의 대표자 중 한 사람.
* 양쯔(揚子) 강: 본래의 명칭은 창(長) 강이며, 중국 대륙 중앙부를 횡단하는 아시아에서 가장 큰 강.

언색호*

대지가 천 년에 한 번 크게 요동친 뒤
갑자기 나타난 반역자 그것은 너
산골짜기를
슬퍼하며 흐르는 강을 침묵케 하고
산마다 뒤흔들어 바짝 움츠러들게 했다

햇살의 모습을 비틀고 구부리며
감정을 억누르고 성장하여 깊이를 더해간다
은밀히
밤하늘의 달과 별을 어떻게 익사시킬지
음모를 꾸민다

너는 하늘과 높이를 경쟁하겠다는 건가
백조의 호수가 되어
물가에 노니는 백조들에게 알을 낳게 하겠다는 건가
아니면 또 하나의 비극을 준비하고
잔해 더미 아래에 깔려 부숴진 목소리를 떠내려 보내고

대지의 아물지 못하는 상처의 틈에 흘러들겠다는 건가

설령 네가 대지보다 훨씬 횡포가 심하다 해도
산과 수목을 모조리 떠내려 보내려 해도
죽은 자의 영혼은 네게 이미 아무런 느낌이 없다
살아남은 자에게도 너를 원망할 여유 따윈 없다

언색호 언색호
젊은 어머니의 눈물 마른 눈동자를 너는 보았는가
단지 멍하니, 감지는 못하고 당당하게 폐허를 바라보며
부르는 소리가 들려오기를 기다리고 기다리던 날을

일만 년 뒤 너는 그 시대의 인류가
감탄하고 칭송하는 경치가 되어 있을지도 모른다
그러나 나는 증거로서 이 시를 써서 남겨놓겠다
서기 2008년 5월의 너는
몇억이나 되는 사람들의 눈물이 모여 생겨났다는 사실을

---

* 언색호(堰塞湖): 지진·산사태·화산 폭발 등으로 골짜기에 흐르는 계류나 하천이 막혀서 생긴 호수.

2부
그리하여 해안이 탄생했다

꿈속의 나무

백 년 된 그 큰 나무는
내 꿈속에 자란
초록색 이빨이다
깊은 밤 그것은 바람에
가차없이 뿌리째 뽑혔다

바람은 미친 사자처럼
나무를 꽉 잡고 하늘로 날아간다
꿈속에서 나는
옮겨 심어지려는 나무의 강인한 운명을
예측하지 못한다

나무가 없으면
내 하늘은 무너지기 시작한다
나무가 없으면
내 세계는 텅 빈다

나무는 내 꿈길의 따스한 쉼터다
그 나뭇가지 끝에서 지저귀는 새 울음 소리가 내 귀에 익숙하다
그 나무 그늘에서 더위를 식히거나 비를 피하는 사람들 그리고
잎이 맞이하는 여명에 나는 길들어간다

나무가 꿈속에서 사라진 뒤
양귀비꽃은 독을 뿜어내고
나무가 꿈속에서 사라진 뒤
마차도 진창에 빠졌다

나무가 없으면 나는
새의 지저귐 뒤에 남는 짙은 초록을 추억해야 한다
나무가 없으면
나는 나무가 먼 곳에서 잘 자라기를 빌어야 한다

깊은 밤

나무들은 선잠을 자며 생장한다
별들의 혼잣말은 여전히 찬란하다
마치 투명한 추억처럼

몽유병자는 단층 병원의 담 밖에서
광분하는 한 마리의 야생 당나귀와 같다
그 부르짖는 소리는 의사를 병상에 눕히고
불치병에 걸리기라도 한 듯 잠재운다

배의 등불은 꿈의 막다른 곳에서 깜박인다
뱃머리에서 어부는 물수리* 머리에 매인 끈을 풀어
자신의 발을 배 뒤에 묶는다
물수리의 날개에서 떨어지는 물방울이
별들을 적신다

배는 구두를 못 신게 망가뜨린다 녹슨 닻은
고향의 부두를 그리워한다

구름은 구름 속에서 숙면하고
푹신푹신한 베개가 꽃피는 꿈을 꾼다
시간의 빛깔로

깊은 밤은 바다의 것이다
그 끝없는 침묵은 일종의 관용처럼
바람을 품은 돛의 나부낌을 받아들인다
강은 강에 흐르고 산은 산에 굽이굽이 뻗어 있다
물과 돌의 팔은
대지와 단단히 팔짱을 끼려 한다

밤하늘에 처녀의 잠꼬대와 이 가는 소리의 기록
팽팽한 허수아비의 춤추는 외다리가
땅의 틈에 깊숙이 들어갔다 나왔다 하고
땀에 젖은 욕망에
여자의 억누르는 신음 소리가
깊은 밤을 더욱 깊게 한다

실은 어둠의 깊은 곳은 검푸른 빛깔이다
풍작의 가을에 내리는 묵직한 축복처럼
자궁에서 깜박 조는 태아의 마음처럼

---

* 물수리: 수릿과의 새. 등은 갈색, 머리와 배는 흰색, 가슴에 갈색 얼룩이 있다.

8월

8월은 폭발한 별들이다
그 영원한 빛줄기와 열은 지표에서 사라진다
8월은 한 척의 침몰한 배다
물밑에서 물풀에 둘러싸여 물고기들의 궁전이 된다
8월은 한 마리의 미친개다
끌그물을 물어뜯어 끊어버리고 벽을 뛰어넘어
햇살이 가려지지 않은 땅 위에서 요란하게 짖어댄다
8월은 홍수가 지나간 뒤
육지에서 메말라버린 물고기의 눈이다
8월은 한 마리의 모기다
내 피로 배를 채우고 날다가
나에게 맞아 하얀 벽에서 죽는다
8월은 도시의 분수에서 물을 마시거나 몸을 씻는
더러운 날개를 가진 한 무리 새다
8월은 마을의 지붕 한가득 뻗어가는 치자나무 꽃 위에서
교미하는 검은 나비다
8월은 남자의 손바닥이 이리저리 쓰다듬는 소녀의 유방이다

8월은 한 마리의 등에다

나사 같은 주둥이로 소년의 햇볕에 검게 그을린 살갗을 찌른다

8월은 태어나 금방 죽은 아기다

태양빛에 교외의 황야에서 한 더미 작은 백골로 부스러진다

8월은 갑작스런 우박이다

기와 조각을 박살내고 농작물에 타격을 주어

농가의 상처를 하늘과 마주보게 한다

8월은 대변에 섞여 나오는 수박씨다

변을 퍼내는 농부에게 운반되어 논밭에서 싹튼다

8월은 불치병에 걸린 나무다

8월은 벼락을 맞아 타버린 땅의 불덩이다

8월은 매미, 개구리, 지렁이의 지루한 울음 소리다

8월은 관자놀이의 급소에 바른 타이거 밤*의 시원함이고

잘게 씹혀 뱃속에 삼킨 민트 잎의 청량함이다

8월은 정욕이 넘치는 계절

8월은 황혼의 강에서 알몸으로 헤엄치고 밤의 돗자리에서 알몸으로 자는 처녀다

8월은 시간과 시간 계절과 계절의 분수령이다

---

* 타이거 밤(Tiger Balm): 일명 '호랑이 연고'. 대표적인 근육 통증 및 긴장성 두통 치료용 연고.

일본의 장마

1

매실 장아찌를 좋아하는 일본인은 매화나무에 올라가서
설익은 매실을 흔들어 떨어뜨린다
매실은 빗방울처럼
투두둑 투두둑 끊임없이 떨어진다

2

눅눅해진 평상복처럼 장마는
알몸의 섬들을 살그머니 감싼다

3

흠뻑 젖기를 갈망하는 섬들

매화 꽃잎에 매장되기를 갈망하는 섬들
우산 속에서 두근거리며 낭만적인 환성을 지른다

4

흐르듯 이동하는 우산은 빗방울만큼 많고
일본인의 손 안에서
우산은 비를 맞아 피는 버섯
그 절반 이상은 독버섯 색깔

5

장마의 습기도 닿지 않는 장소에는 주로
소금에 잘 절여진 매실 장아찌가 진열되고
붉은 그것은 마치 섬들의 짜디짠 눈물

비싼 값에 출하된다

6

매실 장아찌는 장마 동안에 다 말려지는 일은 거의 없고
장마 또한 매실 장아찌가 다 마른 후에 개는 일은 거의 없다
매실 장아찌의 청춘은 절기 하나를 보내는 동안 대부분 잃어버린다
그 껍질의 윤기는 생기 없는 그림자가 되어
부드러운 벽 속으로 쓰러진다
딱딱한 씨앗을 야무지게 감싼다

7

장마가 물러간 후 매실 장아찌의 딱딱한 씨는

하늘 밖에서 날아온 별똥별
금속 쓰레기통 안에서 소리를 낸다

죽음과 관계가 있다

검은 손이 꿈속의 흙을 파낸다
직사각형 구덩이가 흙을 파낼수록 깊어진다
옥수수를 키웠던 그 밭은
내 무덤이다

나뭇잎이 땅에 깔린다
새들의 음모는 세상에 드러났다
하늘은 높고 구름은 엷다
꼽추 형태가 하나 나타난다

거리는 한바탕 소란을 피운 뒤 폐허가 되었다
밤배는 넘치는 별빛을 싣지 않고
바다 밑으로 가라앉는다
정지해 있던 섬이 떠다니기 시작한다
돌아온 배처럼 부두에서 바닷가에
말을 건넨다

지평선이 올라왔다
평범한 이는 하룻밤 사이에 천재가 돼서
이 세계를 지배한다
다채로운 나날을 빛 바래게 한다

누가 배에게 비상의 날개를 주었을까
누가 바위에게 상상력을 주었을까
누가 바위 속에 숨어 사색에 잠겼을까
고독은 사람의 뼈 속을 달리겠지

살아 있는 우리는 모두 잠시 동안뿐
이라고 죽음이 말했다

호수

그것을 한 면의 웅덩이라고 생각해야 한다
호수는 물결이 잔잔하게 일렁이고
바람도 밀림을 빠져나가 호수바닥의 물풀을 흔들겠지
그것을 하나의 함정이라고 생각해야 한다
산 그림자는 호수 안에서 우뚝 솟아오르고
나뭇잎도 물속에서 한층 더 푸릇푸릇해지겠지

그것을 잔인하다고 상정해야 한다
익사한 아이는 물 위로 떠오르겠지
쳐놓은 그물도 헛수고는 하지 않으리라
그것을 두꺼운 얼음이라고 상정해야 한다
활주하는 꿈이 비틀거려 넘어지는 일은 없겠지
해오라기의 긴 부리도 집이 비친 그림자를 뚫지 않으리라

그것을 하나의 거울로 간주해야 한다
달 표면의 아무리 많은 쓰레기도 깨끗이 청소되겠지
침몰한 배도 호수 바닥에서 물고기들의 천막이 되겠지

그것을 장님의 눈동자로 간주해야 한다
아무리 어두운 밤이라도 그것은 밝은 눈이 되리라
아무리 추악한 얼굴이라도 거기에는 뚜렷하게 비치리라

호수, 그것은 단지 한 면의 물에 불과하다
왜 그것에
이만큼 많은 가정을 해야 하는가

꿈속 3호

내장을 긁어낸 한 마리 꿩이
바람치는 그늘에서 마른 꿈의 둘레에 서서
울기 시작하여 내 아침을 불러온다

아침 해의 빛깔은 연주홍색
지평선 가득 넘쳐흐르는 닭 울음소리는
얇은 안개를 몰아내고 울음소리가 온통 높아져서
빛을 빛으로 환원한다

꿈속 대지의 가슴 위에서
날개가 자라난 나는 달의 창가를
날아올라 공중에서 도약하는 호랑이와
부딪친다, 하늘에서 총탄에 맞은 나는
깃털 빠진 새 같지만
호랑이는 단지 여러 차례 포효를 뿌릴 뿐

나는 상처를 입으면서 꿩이 알 낳은 숲을 한눈에 내려다본다

숲은 호랑이를 위해 춤추며 푸른 갈채를 보낸다
내가 있는 대지는 기복이 심해지고
육백 년 된 철탑은 기울어지려고 한다

구름은 혼란스러워서 도망친다
지평선은 비틀어지고 꿈의 수렁에서 사라져간다
나는 꿈속에서 내 자리로 날아 돌아와
한 다발의 빛이
나를 불러 깨워주기를 기다린다

별들이 끊임없이 별들의 비를 내리게 하고 나서
그늘에서 말려진 꿩은 선잠이 들기 시작한다
그 뒤편은 바다다
바다는 끓고 있는 한 솥의 뜨거운 물로
누군가를 위해 마련된 성대한 아침 식사와 같다

알몸전화

알몸전화는 함박눈 속에서 울린다
그 끝은 봄의 북쪽으로 연결되어
벨 소리는 꽃이 피려는 복숭아나무에서 울려온다

핑크빛 목소리는 내 방에서
복숭아꽃을 시들게 하는 발걸음으로, 여운으로
하이쿠俳句의 정취가 담긴 걸음을 내딛는다
창 밖, 하늘 한 점에서 춤추는 눈꽃은
굶주림에 허덕이는 메뚜기처럼 소복소복
섬의 따뜻한 색을 뒤덮는다

섬의 봄은 본토로 도망간 소녀가
가지고 갔다
3월 바닷바람은 바위에 숨어 차가운 숨을 뱉어내고
시인의 무릎에 차가움을 느끼게 한다
알몸이 된 전화기 근처에서
시인은 이제 시로 관심을 옮긴다

파란빛 웃음소리는 킥킥 바위 위에서 울려 퍼진다
본토의 모든 인사는
전화선 속 어두운 골목 안에 칩거했다
그것도 북쪽 복숭아나무에서
북쪽 눈꽃에 얽힌 전설에서 전해져 온다

그 소리가 쑹화 강의 경치를 내 방까지 가져온다
흰 벽은 해동된 얼음처럼
떠돌며 격한 감정을 흘려보낸다

나는 전화기를 꽉 쥔다
교토京都 부근에 머물렀던 나날을 쥐듯이. 그리고
경청과 기억 속에서
음성밖에 느끼지 못하는 3월을 보낸다

섬에서 내 청각은 민감해진다
전화벨은 나를 꽃처럼 피어나게 하고 들뜨게 한다

고막을 떨게 하는 목소리는 한 마리의 봉황처럼
내 몸 안에서 갑자기 날개를 펼친다

피아노

내게는 보인다
피아노는 한 마리 괴물의 골격처럼
고상하게 도시 한구석을 차지했다

사실 그는 평민 출신이다
처음에는 도시의 아치와도 창문과도
연회복과도 드레스와도 관계가 없었다
그의 골격과 신경, 호흡과 시선은
고향과 단단히 이어져 있었다

피아노 소리의 울림은 고향의 큰 나무 소리이며
들판의 한 마리 곤충 울음 소리와도
꽤 가깝다

암스테르담, 모스크바, 파리만이
그의 고향이 아니다
황량한 대지, 어둠이 낮게 깔리는 하늘도

그의 몽상을 숨긴다
바람이 배 돛에 부딪쳐서 죽을 때
닻이 물속에서 녹슬 때
손가락으로 쳐서 난 소리가
음악이라고 한다

……

피아노는 싫으면서도 도시인의 감정과 조화를 이루고
주인의 장난감에서 벗어나지 못한다
허영으로 장식된 환경이
맑고 촉촉한, 높고 고귀한 소리를 점점 잠기게 하고
결국 화장터로 옮겨진 도시인처럼 피아노는
소각되어 재가 된다

줄은 머리카락
건반은 이빨
공명상자는 입술

피아노는 도시와 멀리 떨어진 수목이
베여 쓰러진 뒤에 넓게 확 트인 하늘이
또 수목이 송두리째 뽑힌 뒤
대지에 남긴 깊은 구멍이
얼마나 넓고 깊은지를 언제나 연상시킨다

내게는 보인다
피아노가 한 마리의 괴물로 변해
날개가 자라
도시에서 단순한 장식으로만 살아야 했던 그 감옥에서
날아 도망치려는 모습이

질문일 리가 없다
— 다니카와 슌타로*에게

1

누구? 시간의 깊이로 퉁소를 불고
퉁소 소리를 한없이 넓은 폐허에 깃들게 하는 사람은
누구? 대나무 숲을 동요시키고 고원에 기복을 일으켜
강의 흐름을 햇빛 아래 경련하게 하는 사람은

2

누구? 승려의 사랑을 억지로 빼앗아
승려를 종소리 속에서 고독하게 죽게 하는 사람은
누구? 염주를 꼬아
염주에서 씨가 부풀어 오르는 그 욕망을 싹트게 하는 사람은

3

누구? 해저에 침몰한 배처럼 침묵하며
기억을 녹슬게 하고 썩어 문드러지게 하는 사람은
누구? 파도의 끝에서 파도에 부딪쳐
포효하는 바다를 가라앉히는 사람은

4

누구? 수목 안에 몸을 숨기고 열매를 만들어내어
새들이 하늘 위에서 날아오게 하는 사람은
누구? 독수리에게 부리를 주어서
그 새들이 돌 속에 숨은 벌레를 쪼아 먹게 하는 사람은

5

누구? 시간을 붙잡으려고 기도를 올리고
기도를 하다 남몰래 시간을 놓치는 사람은
누구? 청춘이라는 꽃을 뿌리고
그 후 청춘이라는 꽃잎에 매장되는 사람은

6

누구? 공상이라는 누각에 옮겨서
태양을 테라스에서 산책시키는 사람은
누구? 꿈에서 나무를 베어내고
딱따구리들의 항의를 무시하는 사람은

7

누구? 도굴당한 낡은 무덤 속에 숨어서 바람을 쐬고

도굴 비결을 찾아내는 사람은
누구? 암시장에서 문화재를 팔아
조상의 영혼에게서 정부에 고발당하는 사람은

8

누구? 환각의 자갈밭에서 몽유병을 앓으며
조개를 줍는 사람은
누구? 소라를 비틀어서 열고
육지를 홍수로 침몰시키는 사람은

9

무슨 손가락? 도시에서 분주하게 장미를 파는 손가락은
무슨 손가락? 소녀의 허벅지를 성급하게 더듬는 손가락은

무슨 입술? 굳은 약속을 주고받는 입술은
무슨 얼굴? 대낮에 사라지는 얼굴은

10

누구? 세상의 종말이 도래했음을 예언하는 사람은
누구? 다른 별에서 살기를 갈망하는 사람은
누구? 마음속으로 지구를 포기한 사람은
누구? 인류의 최후를 걱정하는 사람은

---

* 다니카와 슌타로(谷川俊太郞): 1931년생. 시인, 번역가, 그림책 작가, 작사가.

나비의 죽음

햇빛이 아름다운 늦가을 오후
서두르던 발걸음을 급히 멈추게 한 것은
바로 앞에 내가 밟을 뻔했던 길가의 나비 한 마리
처음에는 날개를 쉬고 있다고 생각했지만
몸을 구부려 잘 살펴보니
이미 죽어 있었다

나비는 분명 지금 막 죽었으리라
긴 더듬이는 아직 산들바람에 가볍게 흔들린다
가늘고 긴 다리에는 아직 대지를 꽉 붙들 힘이 남아 있는 듯하다
선글라스를 쓴 그 눈과 화려한 색채의 날개에
햇살이 다채롭게 빛난다
죽은 나비는 아름답다
그 아름다운 죽음은
살아 있을 때보다 안정되어 보인다

나비의 죽음은 아름다운 말을 많이 생각나게 한다

그러나 아무리 아름다운 말이라도
그 죽음을 잘 표현하지 못한다
연민 때문이 아니라 무의식중에
나는 손가락으로 그 나비를 조심스레 집어
출입금지인 잔디밭에 놓았다
나중에 생각해 보니
그것은 나비에게 가장 어울리는 장례식이었을지도 모른다

나는 언제까지나 그 잔디를 잊지 못한다
역 앞, 동서로 뻗은 큰길가 첫번째 교차점에 있다
고압선 철탑 아래에

요시노 산*의 인상

가끔씩 찾아오는 산사람을 위해
집의 창문을 고치고
백 년 전에 운석이 떨어져 부서진
지붕의 기와를 새로 갈았다
높은 지붕에서 나는
집 뒤에 심어진 어린 감나무를 보았다
가지가 휘어지게 많이 열린 감은
다소 적은 공기 속에서 새빨갛게 익어가는 중이다

평범한 남향의 민가다
커다란 한 그루 나무에 찢긴 햇살
나는 절반의 햇살 속에서
지붕에서 감나무로 건너갔다

내 발에 새똥이 들러붙었다
가지 사이에서
새가 넓은 정원 위로 선회하는 것이 보였다

그들이 울음소리는
정원에서 타오르는 모닥불을 진정시켰다

연기가 안개처럼 흩어지고
멀리 떨어진 산림은 하얘지기 시작하고
눈이 팔랑팔랑 우리 위로 내린다
나는 겨울의 차가운 손가락의
얄팍한 날카로움과 무정함을 느꼈다

새들이 요란스레 지저귀는 소리 속에서
산사람이 건네는 다정한 목소리가 들려왔다
감나무에서 내려온 나에게
산사람 노인이 재밌는 물건을 잔뜩 내주었다
그의 아버지가 오십 년 전에 사용한 지팡이
백 년 전에 할아버지가 지녔던 녹슨 검과
소중히 간직해온 가보들을

* 요시노(吉野) 산: 해발 455m의 일본 나라 현에 위치한 산. 벚꽃의 명소.

소리

소리의 발자취는 빨간빛이다
그것은 철을 진흙처럼 깎는 날카로운 칼 위에서
달린다, 그리고 육안으로 보이지 않는다
작은 틈 위에 주저앉아 헐떡거리면서
선잠을 잔다
얕은 잠 속에서
대장간의 흩날리는 불꽃을 꿈꾼다

불면의 눈동자에 살의가 숨어 있다
소리는 잘게 썰리고
그곳에서 흘러나오는 하얀 피는
대지를 단단하게 만든다

한 조각의 알칼리 토양은 시간이 낳은 서리
그것은 정숙하고 모든 것을 뒤덮는다
울퉁불퉁한 기억은 평평하게 정돈되어
소리는 소리 속에서 전율한다

일본 사슴의 가죽은 햇볕이 드는 벽에서 꽃을 피웠다
꿀을 모으던 벌은 헛걸음을 친다
약속을 깨뜨린 소녀는 꿈속에서 후회하고 있다
애정을 짊어진 구렁말은 타향에서 객사했다

어제는 석탄처럼 검다
그것은 역사의 석탄 난로 위에 바람이 불어
빨개지고 검어져서
마지막에는 무색의 시간이 된다

탑 안에 백 년이나 갇힌 하얀 뱀과 피를 흘리는 사슴의 울부짖음이
 어떤 색일까
 누가 알고 있을까
 또 검은 구름과 천둥소리는 어디에서 찾아오는 것일까
 누가 알아들을까

이때

1

시간을 멈추게 할 사람은 존재하지 않는다
이때는 영원히 과거의 과거에 속한다
이때

2

새하얗게 눈 쌓이는 겨울, 길과 집을 뒤덮는다
한기는 활활 타오르는 불에 사라진다. 언 손은
스토브의 열에 풀리고
창유리의 물방울을 닦아낸다. 눈부시게 새하얀 창 밖
한 마리 어린 붉은 여우가 배회하며, 설원에서
잃어버린 세월을 찾는다. 동쪽에서 서쪽으로 뛰어다니는 한 무리의 말
  그 콧구멍에서 뿜어내는 뜨거운 숨은

따뜻한 구름이 되어 상승하고, 하늘에서
도래하는 봄을 맞는다

3

벽에 단 낡은 스테레오에서
흑인의 소프라노 노랫소리가 흘러나온다, 높은 음의 가성
그녀의 풍만하고 부드러운, 리드미컬한 스타일이
얼룩말을 타고 불길 같은 아프리카의 태양 아래를 달리는 모습을
쉬이 상상하게 한다
지구의 반구에서 또 다른 반구로
발굽 소리가 비처럼 온갖 음악이 되어
성장하는 식물을
적신다

4

쥐는 굶주림을 견디며 내 침대 아래 구멍에서 교미한다
그런 뒤에 기어나온다. 곡식 창고 가에서
찍찍 운다. 그들의 자만심에 맞서
눈이 내리기 전 엔니치縁日* 축제날 노점상의
하얀 수염을 기른 할아버지에게서 산 쥐약을 찾아낸다
약 알갱이들은 바짝 말라붙은 팥같이 생겼다
강한 독성을 가졌지만 사랑을 나누는 쥐들을
죽이지 못할지도 모른다

5

어제 석간 신문의 활자가 내 손을 검게 물들였다
수도꼭지를 틀어 물로 씻어야 할 만큼 새까매진 내 손
수많은 글자들이 물에 씻겨

하수도에서 비명을 지르며 허우적거린다
찬바람— 시베리아에서 흘러와 환상적인 소곡을 낳는다
지붕 위에서 휘몰아치는 바람의 음조
마치 벌거숭이 활자를 동사시키려고
부르짖듯이

6

한 자루 오래된 엽총은 생전의 사진 속 할아버지의 시선에 녹이 슬었다
소가죽으로 된 북은 백 년이나 침묵했다. 양모피로 만든 내 방석에
아직 도끼의 흔적이 남아 있다
벽에 붙어 있는 몇 장의 토끼 가죽에
여러 개의 크고 작은 총알구멍이 남아 있다
가늠쇠를 번쩍번쩍 광을 낸 눈은

할아버지이겠고, 토끼의 가죽 안쪽에서
총알구멍 사이로 집 안을 들여다본다

7

물고기는 언 강 안에서 흘레붙는다
언덕은 얼음이 녹을 날을 기다린다
햇살은 눈사람의 연지 바른 입술에 입맞춤을 했다
참새의 지저귐은 눈꽃만 가득한 가지 끝에서 야위어간다
영양부족의 미소녀는 화롯가에서 얼굴이 붉어지고
여름날의 애정을 그리워한다

8

미국 사람의 SF소설이

억만 년 후의 지구 최후의 날을 연상시킨다
화산 폭발, 홍수 범람, 전염병의 만연, 전쟁과 지진
그리고 핵 확산
그때의 지구는 분명 속이 텅 빈 누옥陋屋과 같으리라
그것은 인류를 두둔했지만 인류에게 버림을 받고
일출을 맞이했지만 햇살에 타버리고
시간에 굴복당해서 붕괴되고 풍화한다

9

이때는 견디지 못하고 시간에 복제당한다
시간은 이때에 젓는다. 이때는 곰팡이를 키운다
정자와 난자는 이때에 서로 맺어진다. 이때
내가 낭떠러지에서 반쯤 뜬 부처의 눈으로 합장하며 경건하게 머리를 늘어뜨릴 때
 자신이 태어난 해에 케네디 암살의 총성이 희미하게 들려왔다

그 총알은 서른다섯 번의 겨울을 관통하여
한 시대의 역사를 피바다에 쓰러뜨렸다

10

현실은 언제나 이렇다
한 사람이 죽으면
체면도 개의치 않고 슬퍼하는 사람이 있다
뛰어오를 듯이 기뻐하는 사람도 있다

11

이때는 이때만으로 충분하다
이때를 이해하는 자는 없다
이때는 과거의 과거이고

이때는 미래의 미래이다

---

* 엔니치: 신불(神佛)과 이 세상의 인연이 강하다는 날. 약사여래는 8일, 관세음보살은 18일.

향수

울음소리가 점점 새 울음 소리답지 않은
새가 가지 끝에 앉은 그림자는
묵직해서
지면으로 떨어져

대지에 사념의 이끼가 한가득 자랐다

아름다운 한 마리의 암컷 사슴이
대나무 울타리에서 탈출하려고 한다
불모지인 도시에서
초원이 부른다

바람

바람은 우뚝 솟은 돌 위에서 일기 시작한다
나무는 나무를 흔들어대고
풀은 풀을 쓰러뜨리고
바람은 맨발로
대지를 달린다

돌비석의 문자를 날려버리고
조각상으로 태어난 신의 얼굴을 세차게 때리고
바람은 광장을 돌아 사다리가 되어
허공을 떠도는 억울하게 죽은 사람의 영혼을
맞는다

바람은 대지 위의 유일한 재판관이며
만물을 평등하게 보고 있다
바람은 팔이고 날카로운 도끼다
온갖 창문을 살며시 두드려 인사하고
아무도 못 건드리는 늙은 나무를 가른다

바람은 강을 지나 바다를 건너고
구름에 실려 달을 걷는다
바람은 물론 인간의 혈관 속도
질주한다

바람은 탄생의 기쁨을 가져다주고
지옥의 계보를 전해주기도 한다
바람 앞에서 인간은
비밀도 프라이버시도 없다

바람이 돌에 남긴 흔적은 너무도 많고
바다에 흘러넘치게 한 땀은 헤아리지 못한다
바람은 불꽃 속에서는 불의 봉황이며
물마루 위에서는 배의 키잡이다

바람은 늘 참신하며
바람은 한평생 자유만을 추구할 뿐이다

무제

1

어떤 계절인지 모른다
산에는 풀이 없고 나무에는 잎이 없다
폭포는 높은 하늘에서 리듬을 타고
떨어졌다

2

자연이 자연의 적막을 깨고
구름과 별은 호수에 빠져 물 소리를 높인다
달은 호수 밑에 잠기어
인간의 애정을 조소한다

3

삼백 개 돌계단을 올라서 푸른 구름으로 들어가
흐릿한 절 앞에서
진지한 비구니 스님은 비파를 안고
마음속 깊이 고이 숨겨둔 사랑의 노래를
연주한다

4

한 마리 말은 당대의 제왕을 등에 태우고
또 영웅을 밟아 죽였다
말의 네 다리는 땅속에 뿌리를 내린다
말의 갈기는 숲으로 바뀌고 초원으로 변한다
불사의 영혼은 서민들의 꿈속에서
광분한다

5

유인원이 마시던 강물은 말라버렸다
강바닥에서 일구어낸 농작물이
무르익은 수확의 기쁨은
땀과 피의 결정이다

6

벼락에 쓰러진 한 그루 큰 나무가
나무 아래서 비를 피하는 사람에게 부상을 입힌다
큰 나무의 비장한 울림이 숲을 불사른다
야수와 새의 무리가 큰불 속에서
춤춘다

7

부처님과 하나님이 마냥 침묵한다
그 침묵의 본질은
땅과 목재, 돌과 금속의 본질이다
그들은 인간의 손가락에서 태어나
인간의 형태는 있지만
인간의 생각은 없다
기도하고 절하며 보시하러 온 사람들은
약한 자이다

8

하늘 한가득 모래 먼지가
우리의 비옥한 경작지와 장원을
통째로 삼킨다

풍경과 사람이
잇달아 죽어간다

9

팔천만 년 이전의 공룡 화석은
사막 안에서 생기가 넘친다
백 년도 천 년도 지난 무수한 미라는
연기 같은 옛날 일을 떠올린다

10월

바람은 구름이 떨어뜨린
발에 안 맞는 헐렁한 구두를 신고
강물 위를 미끄러지듯 날아오른다
그리고 파도에 채여 넘어져
물밑으로 떨어진다

물에 빠진 바람은 강바닥보다 차가워진다
물밑에서는 더욱 차가운 물방울이 일어나
물고기를 먼 곳으로 헤엄쳐 가게 한다

나뭇잎이 죄다 떨어졌다
바람의 장례식에 다투어 참가하듯이
비애에 젖은 얼굴에 비애에 젖은 얼굴이 포개져
묵념 속에서 부패한다

먼 산의 단풍이 한 조각 불처럼 타오르는 것은
산속에서 시뻘건 마그마의 심장이

고동치기 때문이리라

나는 굳게 닫힌 창문 앞을 서성거린다
가지 끝의 새들은 노랫소리를 감출 곳이 없어서
슬퍼하고 있다

새끼 고양이가 작은 발걸음을 떼어놓듯이
10월은 묵묵히
색채를 피하고 암흑을 향한다

서쪽 강 수면에
내 한쪽 구두가 한없이 떠다닌다
탈 사람 하나 없는 큰 배처럼
사람의 가슴을 쓸쓸함으로 가득 채운다

겨울과는 관계없이

1

눈은 나뭇가지에 묵직하게 올라타 휴식을 취하고
배불리 먹은 흰 고양이처럼
나무에서 내려오지 못한다

2

나무 위의 하늘은 냄비 바닥처럼 검실검실 깊고
까마귀의 검고 높은 울음소리에서는 반짝임이 넘쳐흐르고
색을 띠지 않은 차가운 흐름이 어두운 막 밑을 오간다

3
밤이 내려왔다
왕위에 오른 속이 시커먼 제왕처럼

밤은 모든 것을 정복하려고

태양빛을 받은 적 있는 만물을 정복하려고 음모를 꾀한다

4

밤과 눈은 서로 대립의 색이다
밤이 점점 어두워져도 눈은 그대로 순백
눈이 점점 하얘져도 밤은 여전히 칠흑

5

바람이 눈 위를 불어오면
바람은 하얗게 바뀌고
소녀가 눈 위를 걸어오면

눈이 소녀의 가지각색 꿈을 하얗게 물들인다

6

상록수 잎은 눈을 감싼 채 초록빛을 찾아내고
굶주린 이리의 동공 안에서 흔들린다
얼음 위에 있는 돌은 얼음 아래로 가기를 갈망하고
얼음 아래에 있는 돌은 허덕거리지 않고
물고기처럼 호흡하기를 간절히 바란다

7

말라붙은 마른 풀은 눈을 이기지 못하고
들불에 불태워지기를 기원한다
풀의 잎과 줄기에는 소와 양의 이빨 자국

낫에 베어져서 아픈, 마른 초록 피의 얼룩이 아직 남아
마른 풀은 필사적으로 이를 내민다
미친 듯이—
그리고 눈 밑의 땅을 물어뜯는다

8

새카만 밤이 덮치고
그 밤중에 순백의 눈이 내리고
처마 밑의 새는 집을 찾아 돌아가기를 잊어버린다
새들은 구슬피 울어 젖히고
방아쇠를 당기는 손을 얼어붙게 한다

9

저 너머에서 황혼의 불빛이
밤과 눈 대립의 색조로 번쩍이고
광장 한가운데 나체상은
애처로이 발자국을 바라고 있다
'제발 오리털 옷을 가져다주세요.'

10

눈은 밤중에 내려 쌓이고
밤은 눈 위에 얼어붙으며
나무 위의 구름은 검게 더럽혀진 걸레처럼
하늘에 얼어붙었다

걸식乞食

도시의 길거리에서 노숙하는
꾀죄죄한 꿈은
문명의 잔디밭을 짓밟는다

나무
―다니카와 슌타로의 「나무」를 읽고

나무는 우리가 죽은 뒤에 입는 의복이며
굳은 우리의 몸을 여러 형태로 감싼다
그리고 우리의 백골과 함께 땅속에서 썩어간다
아니면 불에 태워져
한 상자의 작은 재로 바뀐다

나무는 분명 이 세상에 맨 처음 찾아온 일족이다
일생 동안 침묵했던 말은
모두 잎이 되었다
생명의 연륜이 육체 안에서 피어난다

지상의 나무, 돌 위의 나무
사막 가운데의 나무, 물속의 나무
공중의 나무마저도
꽃을 피우고 녹음을 펼친다
그리고 많은 열매를 맺는다

그러나 이 세상에서
나무는 영원히
괴멸될 운명에서 쉽사리 벗어나지 못한다

우리는 살아가면서
나무 그늘에서 바람을 쐬고 비를 피한다
혹은 나무를 잘라 온기를 취하고 집을 짓고 가구를 만들고……
우리가 나무에게 준 상처는
대자연을 훨씬 초월한다

우리는 항상 나무의 강인한 면을 보지 못한다
이를테면 벼락을 맞아 불탄 큰 나무는
조금도 기가 꺾이지 않고 우뚝 솟은 절반의 몸이
대지를 꿰뚫는 예리한 칼처럼
하늘을 찌를 듯이 마주한다

왜 죽은 뒤 우리는 나무의 옷을 입고

땅 아래 묻히는 걸까
우리 영혼의 안식처가
지하에서 나무의 뿌리와 서로 끌어안기를
갈망하기 때문은 아닐까

이국異國의 전차

서쪽으로 달리는 전차는 바다색을 머금고
창밖으로 보이는 작은 역에 멈춘다
잠시 쉬는 비단뱀처럼
다음 역으로 기어나갈 자세를 가다듬는다

푸른 차량은
전차가 실어온 푸른 바다의 파도
고체 금속의 행로를 따라
서쪽으로
내가 가장 민감해하는 서쪽으로

이곳은 한자가 멀리 시집온 동쪽 나라
이 나라만의 오래된 특이한 발음은 나를 곧잘 곤혹스럽게 만든다
이를테면 전차라는 명사는
다른 발음으로 전차를 움직이게 하고
명사인 전차를 동사로 만든다

서쪽으로 움직이기 시작하는 전차는 언제나 감동을 준다
메말랐던 향수도 늘 촉촉하게 적셔준다
그 기적 소리가 서쪽 대륙에 메아리치지는 않더라도
레일 위를 구르는 이 바퀴가
거대한 손처럼 오래된 돌과 고요한 시간을 찢으며
요란하게 울려 퍼지면서
나를 꿈에서 깨운다 해도

몇 번이나 전차가 창밖의 역에서
서쪽을 향해 달려간 후
대기 중에
뚫린 터널이 남겨진 것을 느꼈다
마치 고향이 보이는 망원경처럼

9월

천지를 뒤엎는 커다란 검은 손은
하늘의 소맷부리에 모습을 감추고
하늘은 푸르러지고
구름은 양처럼 하얗게
하늘에서 풀을 뜯거나 달린다

파리채는 손목보다 먼저 지친다
그 위에 응고된 인간의 피는
메말라버린 강바닥의 주름진 지면처럼
또는 커다란 죽은 물고기의 벗겨지고 떨어진
비늘처럼
대지의 쇠약한 피부이고
기억 없는 고통이다

언제나 밤에 노래하는 모기는
작은 야심가
그들의 뾰족한 주둥이와 긴 발은

꿈의 저울 위에서 춤춘다
모기들의 음모는 9월의 저울추에 의해 뒤집어지고
노랫소리와 날아다니는 모습은
벽 위에 살아 있는 표본이 된다

석류의 갈라진 진홍색 얇은 입술 안에
예쁜 이가 가지런하다
그 이 하나하나는 보석이고
세월이 오래됨에 따라 그만큼 귀중해져 간다

썩은 과실은 비료가 되어
땅속의 과일나무 뿌리를 튼튼하게 한다
차츰 말라 죽어가는 들풀은
불에 태워지기를 기다린다

열이 나던 나무들은 쾌유하고
호수는 맑아졌다 천둥소리는

숫처녀의 방귀 소리처럼 작다

봄

유방이 윤곽을 드러내
바람을 테두리에 새겨서
소녀의 가느다란 허리를 휘감고
지붕 위의 굴뚝을 침묵하게 만들고
면도날 같은 나뭇잎이 햇살을 가르고
벌레 한 마리를 내 왼쪽 눈에서 익사시키고
우물에 비친 구름을 그녀가 이어받고
눈사람이 녹아 들판에 자란 풀을 무성하게 하고
숲이 자신의 나무 향기가 감도는 음악을 연주하고
나이테가 수목의 성장을 잊게 하고
이름 없는 가지 끝에 식물 이름을 밭아시키고
길가에 핀 산나물을 뿌리째 뽑고
껍질을 뚫고 나온 병아리가 올빼미의 날카로운 눈동자를 두려워하지 않도록
속도랑*에서 길어진 모기의 주둥이가 인간의 수면을 방해하고
도시의 정욕을 푸른 유리 속에서 부풀려
사찰 종소리가 메아리를 잊게

조각상의 눈초리에 호색 빛이 맴돌고
배를 잠재우고 물고기에게 날개가 돋는 꿈을 보여주어
보름날 밤의 밝은 달이 인간의 생각을 지배하고
해안에서 집단 자살한 고래가 묵념하도록
해독 불가능한 화석을 더욱 어렵게 하고
인간이 잔디밭의 의상을 몸에 걸치게 한다

---

* 속도랑: 물을 대거나 빼기 위하여 땅속이나 구조물 밑으로 낸 도랑.

안단테칸타빌레

당신 얼굴이 떠오른 아침은 태양이 솟아오르면
사라져간다 빛나던 눈에 비친 새벽 어스름은 노랗게 변한다
문 앞의 수목은 하룻밤 사이에 지붕을 넘고
천 리 밖 강물이 불어나 돛배와 뱃노래가 잠긴다

아침나절 보이지 않던 연륜年輪은 음반처럼
나무뿌리에서 울려 퍼진다 독수리는 인골을 입에 물고
태양을 향해 화장을 하러 간다 나뭇가지에 자리 잡은 새집은
화염으로 사라진다 실내에 둔 소라 표본에서
큰 파도소리가 물보라를 일으킨다

만조가 된
내 손가락은 당신 생명의 향기에 젖고
내 어둠은 당신의 언덕 사이로 가라앉는다
새소리가 산등성이를 돌아 당신에게 속삭이고
두 계절에 걸쳐 번성하던 초원을 말라 죽인다

암흑은 내 죄 많은 손가락에서 불타오른다
활활 타오르는 화염 속에 만 가지 과거는 만 가지 꽃다발이 되어
당신의 오른쪽 눈에서 고개를 떨구고 말라간다

삶은 원래 한 그루의 헛자라기하는 나무라서
허공을 뚫기도 한다 물은 하늘에서 내려와
나무를 익사시킨다 홍수 속에서 나는
당신이 마음 가는 대로 따낸 한 장의 나뭇잎으로 구원을 받아
그 나뭇잎에 올라타 홍수가 물러갈 날을
고대한다

그리하여 해안이 탄생했다
갓난아기의 피부처럼 보드랍다
풀은 물기슭의 진흙탕 아래에 깔린 모래에 뿌리를 내리고
바다와 강의 비밀을 열매 맺는다

당신도 나도 터지려고 하는 물기슭의 꽃봉오리다
바람에 휩쓸려 날아가고 새에게 물려 끌려가며
물가에서 멀리 떨어진 육지와 태산의 깊은 곳에서 자라
그리고 부유하는 여러 섬에 실려와 다시 공생한다

도대체 누구란 말인가
암흑 속에서 얼굴을 감추고
병균을 손톱 사이에 번식시키며 그리고
벼룩처럼 우리 피부와 옷 틈 사이에 산란하여
내 피부를 처지게 하고 당신의 유방을 오그라들게 한다

나는 당신의 새벽 여명에서 밤을 그리워한다
 내리쬐는 햇살이 이슬방울과 옅은 안개를 주워서 황혼을 향해
내던지듯
 밤인 당신은 내 여명에 도착하기를 갈망한다
 별들과 어화漁火*가 암흑을 불태우려 하듯

누가 검지로 내 입술을 살짝 눌렀는가
누가 가느다란 손가락으로 옥수수를 벗겨내듯
당신을 한 장 한 장 벗겨냈는가
당신의 발가벗겨진 새하얀 치아는 성숙한 빛을 뿜어내고
당신의 광기와도 같은 서정으로 나를 완미*한다

그로 인해 내 방은 불타오르고 짙은 쪽빛 구름이 된다
바람 앞을 내달려 당신의 흔들리는 치마 아래에 숨어
나는 자신을 아주 작게 만든다 액체 한 방울의 생명으로 바뀌어
당신의 따뜻한 자궁에서 얼마나 헤엄치고 싶었는지

꿈은 어둡다
청춘은 어둡다
미래와 역사는 어둡다
죽음도 어둡다

---

* 어화(漁火): 고기잡이하는 배에 켜는 등불이나 횃불.
* 완미(玩味): 음식을 잘 씹어서 맛봄. 시문 따위의 뜻을 잘 생각하여 음미함.

후지산

줄곧 신경 쓰인 그곳은
여름의 끝 무렵에 때 이르게 눈을 덮어쓴 평평한 정상이다
흰 구름에 조금씩 하얗게 닦여가는 산봉우리는
의외로 무수한 시선과 찬탄의 소리에도 녹아내리지 않았다
그 가운데 허공에 내린 눈은
겹겹이 두껍게 쌓이고
가을이 지나간 후 그곳은
엄연한 하나의 설산 풍경을 드러냈다

일본어를 알기 전부터
나는 이미 그를 알았다
그는 저속한 캔버스에 그려졌다
화려한 색채가 시선을 빼앗았고 실물을 바로 앞에서 보는 듯했다
그가 그려진 부채를 손에 쥐고
여름에 부채질해서 시원한 바람을 만든 적이 있다

그 후 나는 그를 올라가 보았지만
정상의 화구에는 도달하지 못했다
그래서 나는 항상 생각한다
화구는 분명 움푹 파인 한쪽 눈처럼
공허하고 추상적인 눈빛으로
몇 백 년 동안 내내 하늘과 마주할 것이라고

시간이
폭발하고 분출한 분노를 오래전에 응고시켰지만
타버린 검은 바위는 한 장의 고약처럼
언제까지나 대지의 가슴에 달라붙어 있다
하늘의 높이를 뚫지는 못했지만
왜소함이 치욕을 의미하지는 않지만……

많은 사람은 그가 죽었다고 생각하지만
실은 그의 생명은 온전히 사람들의 무지 속에 살아 있다
대부분의 사람들이 그가 한 나라의 상징이라고 알지만

소수의 사람만이
그의 상징 속에 감춰진 역사의 아픔을 말한다

무제

왼손인지 오른손인지 어느 손가락이
꿈속에서 피를 흘렸는지
자신조차 확실히 알지 못한다
본 적 없는 많은 사람이
나를 둘러싸고
눈빛으로 나를 대신해서
아프다고 외친다

내 손가락에서 꿈에서 본 빛깔의 피가 흐른다
 알지 못하는 사람들의 눈빛에서 꿈에서 본 빛깔의 눈물이 흐른다

늙은 집

문 앞의 머리 없는 돌사자 두 마리는
늙은 집의 덧니 두 개
그것이 집을 추하게 만들고
또 아름답게 만든다

집은 계속 늙어간다
기와와 자갈에는 생명의 이끼가 잔뜩 자랐다
창문— 늙은 집의 탁한 눈 너머로
그 마음속을 엿볼 방법은 없다

새조차 늙은 집의 처마 밑에는 둥지를 틀지 않는다
부서진 거미집 위로
세월의 먼지가 수북이 내려앉고
늙은 집은 이미 죽을 만큼 나이를 먹었다
그것은 또한 우리의 품속에서
죽어 가는 모든 것의 시간
상고시대까지 거슬러 올라가도

늙은 집이 대체 누구의 선조인지 알지 못한다

그래서 우리는 언제나 늙은 집이 깨물어 부수는
그 문이 열리든 닫히든 간에
과거와 미래의 빛이 하늘에서
우리 가까이 쫓아오는 것을 느낀다

문 앞의 머리 없는 돌사자 두 마리는
늙은 집의 더 이상 쓸모없어진 이빨
확실하게 집은 늙었지만
우리보다 오래 살 운명을 부여받았다

죽음을 꿈꾸다

나는 내가 죽는 꿈을 꾸었다

그 죽음은 하얀색이다
하얀 눈물은 비처럼 나를 위해 흐른다
하얀 꽃은 구름처럼 나를 위해 춤추며 떨어진다

나는 정오에 죽었다
정오는 하얀색이다
하얀 바람은 내 죽음에 의해 굳는다
하얀 파도는 또 다른 울음 소리가 된다

또 차갑고 하얀 햇살은
대지 위에서 떨린다
나는 하얀 관 속에 누워
세상과 분리된다
밤색 말 세 마리가 끄는 마차에 끌려 간다
낯선 거리에서

말은 울음소리를 길게 끌고
네 다리로 자욱하게 날아오르는 하얀 먼지를 일으킨다

말은 달리다 지쳤다
진흙은 아직 무덤 파는 사람의 괭이 위에서 튀긴다
나는 관 속의 얼마 남지 않은 산소를 호흡하면서
다른 색깔의 죽음에 이른다

울음소리는 무르익어 속을 드러낸 과실의 핵에서도
나무의 가장귀에 자리 잡은 한 마리 한 마리의 까마귀 둥지에서도 온다
마차는 넓은 강 위에서 흔들리는 작은 배와 같다
나는 나무 향기 속에서 쓰다 만 시편詩篇을 점검한다
까마귀의 검은 노랫소리를 비난한 일을 참회하고
지상의 만물에 사죄한다

나는 한 토지에서 평온하게 잠든다

내 육체와 골격, 영혼 속을
꿈틀거리며 나를 먹어치운 뒤
하얗고 아름다운 해골 위에서
죽어가는 벌레는 하얀색이다

시와 사상, 기억과 내 모든 것은
분명 진흙과 비료로 변할 것이다
그 진흙과 비료는 언젠가 하얀색이 되고
또한 풍화되고 바람으로 변해서
하늘 아래에서 휘잉 하는 소리를 낼 것이다

나는 내 죽음이 하얀색이라는 것을
꿈꾸었다
지옥의 문도 하얀색이다

새벽이 밝기 전의 기차
―1989년 톈안먼에 있었던 한 여학생에게

1

나만큼 그 울림을 잘 들은 사람은 없다
나무가 완벽하게 뒤덮은 3킬로미터 앞마을의
생기 잃은 느릅나무로 만들어진 나무 침대에서
창문이 12월의 한기를 막으려 하지만
기차 소리는 결국 꼭 닫히지 않은 문과 벽의 갈라진 틈새로 새어들었다
그 리듬은 데시벨 높은 록 음악 소리에도 지지 않는다
드높고 용맹하며 서정적이고 감동적으로 내 혈액의 흐름을 가속시킨다
나는 속눈썹에 묻은 응고된 어두운 밤을 훔쳐냈다
몇 번이고 짖어대는 닭과 개를 제외하면, 나는 긴 밤에서 눈을 뜬 첫번째 사람이다
기차는 굉음을 내며 남에서 북으로 달리고
내가 자주 지나다닌 터널을 빠져나가는 것 같았다

기차가 큰북 같은 터널을 두드리자, 둥둥 하는 소리가 사방에 울려 퍼진다
 둥둥, 둥둥

2

 북쪽으로 가는 기차는 초여름의 사랑을 떠오르게 한다
 우리는 기차를 흉내 내어 레일 위를 달려 북쪽으로
 겨울에도 여름에도 가장 가까운 북쪽으로 향했다
 그날, 우리는 기차를 앞지르고
 기차보다 빨리 종점에 다다랐다 우리가 다다랐을 때
 기차는 아직 다음 날 새벽을 싣고 오지 않았다 뒤늦게 도착한 여명은
 우리의 눈을 어둡게 했다 어두운 우리의 눈앞은
 틀림없는 태양의 심장이다 우리는 손으로 더듬었지만
 그저 끈적끈적한 외침밖에 잡히지 않았다

빵과 사이다를, 따듯한 손을 쥐어주었지만
　실은 우리는 진작 허기를 잊었다 우리는 어둠 속을 미친 듯이 뛰어다니며
　새벽이 밝기 전의 기차처럼
　깊고 완고한 어둠 속에 희미한 빛을 발하고
　머리가 태양의 벽에 부딪혀 피를 흘렸다
　우리는 헐떡이며 우리의 조국을 호흡하고
　우리의 조국은 우리 청춘의 몸 안에서 색색거리는 소리를 낸다
　마치 건강한 몸이 천식에 걸린 듯하다
　우리는 그 병의 원인을 아는 젊은 의사이고
　손에 든 약은 조국의 몸속 병균을 죽이지 못하지만
　조국의 몸속 병균은 오히려 우리를 죽인다

3

　그녀는 쓰러졌다, 내가 가장 사랑하는 연인. 초여름의 새벽이

밝기 전의
  기차가 지나가는 그 시간에
  태양 아래에서 성숙하고 풍만해진 해바라기 씨가 그녀를 명중했다
  그 해바라기는 이전에 우리의 마음속에서 아폴론이었거늘
  어렸을 때 우리는 그것을 둘러싸고 노래를 부르고 춤을 추었으며
  어른이 되고서도 역시 그것을 우러러보고 칭송을 멈추지 않았거늘
  그녀는 핏속에 쓰러졌다 뿌리가 없는 해바라기 아래에서
  가냘파진 마지막 숨을 그러모아 "오, 중국! 중국이여!"라고 말했다
  그녀는 떠났다, 조용하게
  마음이 무너지는 소리는 기차보다 열 배는 크다
  그녀를 영웅이라는 이름 붙이는 자는 없지만
  내가 살아 있는 것은 그녀를 증명하기 위해서다
  ─나는 그녀의 살아 있는 묘비다

4

  나는 마치 그녀의 심장에서 막 흘러나온 한 방울의 피처럼
  내게 남은 겨우 한 방울의 피의 힘으로 돌아가는 기차에 기어올랐다
  기차가 가는 곳마다 죽음의 유령이다
  그들은 서로 부딪히면서 소리 높여 울고
  불꽃을 흩날렸다
  기차 안에 서 있는 나를 파리는 고상한 눈으로 노려보고
  망령은 그 광기 어린 춤으로 나를 둘러쌌다
  어둑한 램프 빛 속에서
  나는 죽음의 리듬을 느꼈다
  새벽이 밝기 전의 기차처럼 굉음을 내며 내 마음은 기차에 치었다
  죽음의 소리는 지구에 휘감긴 하얀 띠로
  한 겹 또 한 겹 나를 휘감는다
  한 겹 또 한 겹

5

나는 우리가 출발한 방으로 돌아왔다 가랑비는
온갖 소리를 흘리며
기억 속에서 점차 핏빛으로 변해갔다
비가 온 뒤의 평화는 마수魔手를
뻗어 내 목구멍에서 마음속까지 집어넣었다
하나의 새로운 무덤은 이렇게 내 마음속에
부풀어 올랐다 그것은 중국의 모든 산봉우리보다도 높다

6

새벽이 밝기 전의 기차는 어두운 밤이
종점을 향해 여명을 알리려고 발사한 첫 번째 화살이다.
그것은 그저 순간적으로 소리를 남기고
기세가 점점 약해지더니 나중에는 사라졌다

그러나 그 한순간의 소리는
한 사람을 떠오르게 하고 또 많은 사람을 떠오르게 했다
하나의 사건과 그 사건 이외의 사건
하나의 목소리와 그 목소리 이외의 목소리
하나의 시간과 그 시간 이외의 시간도 떠오르게 했다
이불 속에서 나는 한쪽 손으로 옛일을 회상하고
한쪽 손으로는 연인의 작은 손에 쥐어진 적이 있는 생명의 뿌리를 쥐었다
나는 다시 한 번 경광선* 선로가에서 살기를 고민하듯이
기차의 강철 바퀴가 레일을 굴러 시간과 햇빛을 치어서 부수고
광기 어린 소리를 지르면서 북쪽을 향해 빠른 속도로 달려가는 것을 보았다
새벽이 밝기 전의 기차는
예리한 나이프처럼 지구의 살갗을 베어 상처를 남기고
또 하늘의 피부를 갈랐다
피를 흘리는 하늘은 아픔을 견디고
기차가 뿜어내는 매연은 탈지면처럼 하늘의 상처를 막았다

상처 입은 하늘과 대지는 기차를 증오하지 않는다는 것을
나는 알고 있다
마치 침대에 누운 내가
내 조국을 증오하지 않는 것처럼

　새벽이 밝기 전에 지나간 기차가 나를 어두운 밤에서 불러일으
켰다

---

* 경광선(京広線): 베이징과 광저우를 잇는 중국에서 가장 긴 철도. (지은이 주)

3부 바람을 품은 사람

계단
― 화가 히로토 에미廣戸繪美에게

햇살은 계단의 어둠을 쫓아낸다
시간의 거대한 흐름이
계단을 따라서 기세 좋게 흐르고
고요한 공간은 매몰된 듯이 보인다

붓을 쥔 손은
빛을 들어 올리듯이
계단을 어둠 속으로 되돌리고
입체적인 현상을 평면의 추상으로 바꾼다

햇살이 계단에 반사된 빛에 감동.
인생은 무엇과 닮아 있는가?
반사된 빛 속에 떠다니는 구름은
태양의 이동에 따라 종잡을 수 없게
변화하고 사라진다.
그리고 다시 태양이 떠오름에 따라서 나타난다

계단은 하나의 질서와 규율
그 철학 속에 비결을 남겨 둔다
계단은 일종의 침묵
어둠과 고독의 압박을 묵묵히 견딘다

계단에는 다양한 구조와 재질이 있다.
가파른 계단, 완만한 계단, 넓은 계단, 좁은 계단
그리고 목재 계단, 시멘트 계단

그러나 반드시 실행하는 일은 단 하나밖에 없다
오르면 태양과의 거리가 가까워진다
내려오면 지평선이나 광활한 대지로 나아간다

계단은 상대에게 알려지지 않은 흉기
정전된 밤 우리는 발로 조심조심 계단을 찾는다
계단은 때로는 의자다
쉴 때나 화날 때 잠시 찾는 치유의 장이다

우리는 늘 계단의 존재를 가벼이 여긴다
사실은 모두의 마음속에 계단을 가졌지만
그것은 언제나 우리를 시험한다
올라갈 수 있을지 내려갈 수 있을지
어떨지를

밤의 벚꽃

달빛이 켜진 램프처럼
나뭇가지 끝에서 흔들리며 피어오른다
고요함에서 한결같음이 배어나오고
한결같음에서 아름다움이 전해진다

흰색 위 연붉은 빛깔은
소녀 뺨에 처음 보이는 홍조처럼
봄밤의 추위를 온화하고 따뜻하게 하고
반짝이는 별들을 한층 더 빛나게 한다

밤 벚꽃이 거꾸로 비치는 참호의 고인 물도
흐르는 기억을 되찾는다
그것들은 활기차게 달을 가로지르고
밤의 피부를 그리고
무리지어 에워싼 꽃잎 사이를 흐른다

하늘과 고인 물의 수면에서 핀 밤 벚꽃은

작은 불꽃처럼
우리들 눈앞의 어둠을 비춘다
우뚝 솟은 성루는 이미 위엄을 잃었고
역사의 피도 사람을 전율시키는 것을 멈춘다

어떠한 힘도 밤 벚꽃이 피는 것을 저지하지 못한다
억만 톤의 어둠도
가냘픈 꽃잎을 억누르지 못한다
은하수가 쏟아져도 자유를 향한 동경을 지우는 것은 불가능하다

해면과 육지를 스쳐 지나온 바람은
밤 벚꽃의 꽃술을 지그시 감싸 안는다
그리고 높은 성벽을 넘어
꽃잎들의 속삭임을
먼 새벽녘으로 옮긴다

물은
― 노다 히로시野田弘志 화백에게

물은 산을 빠져 나가서
모난 돌을 매끈하게 연마하고
당신의 발밑으로 흘러온다

당신의 상상은 나래를 펼쳐
시간의 근원을 향해 거슬러 올라간다
돛을 펼친 배는 닻을 내리고
그것이 거슬러 올라가는 것을 전송한다
물가의 물새는 놀라서 높이 날아오른다
날개를 펼친 탄식 소리는
그것을 환송하는 듯한 박수 소리

하늘은 당신을 위해 맑게 갠다
당신은 팔을 쭉 뻗어서 하얀 구름을 붙잡아
캔버스에 붙인다 그러므로
구름은 액자에서 흘러가지 않고

푸른 하늘은 영원한 것이 된다

삼각주 근처에서
바람은 어린 풀을 흔들고
작은 새는 들썩워진다
새와 함께하고 싶은 뱀은
달빛 아래 잠들지 못한다
다리 위를 걸어오는 걸음소리가
어두운 밤의 적막을 깬다

당신의 응시 속에
그림물감은 또 하나의 물
그것은 모델의 유방과 눈빛을 흐른다
죽은 새는 그에 따라서 되살아난다
황량한 늪 근처의 고목도
싹을 트고 싶은 충동에 사로잡힌다

바람을 품은 사람

이 시를 세상을 떠난, 중국 개혁개방의 문을 처음으로 열었던 총리 자오쯔양에게 바친다. 정중하게 이 시로, 한 사람의 중국인으로서 애도를 표한다 — 삼가 조의를 표함

바람을 품은 사람이 떠났다
2005년 1월 17일 늦은 오후에
일본 방송에서 그 소식을 전했다
바람을 품은 사람은 향년 85세
2005년 1월 17일 아침
몇 시 몇 분 몇 초인지는 알려주지 않았다 베이징 병원에서

중국에서 날아온 사소한 부고는
이국의 뉴스에서 몇 십 초밖에 차지하지 못했지만
내 마음을 뒤흔들었다
등뼈가 뜨거워서 마치 용암이 분출하는 듯했고
시간을 잡아 찢는 보이지 않는 손이
눈앞에서 길어지는 것을 느꼈다

나는 텔레비전을 끄고 창을 열었다
하늘을 향해 크게 소리를 지르고 싶었지만
목소리는 목구멍에 걸려 죽어버렸다

나는 눈을 감았다 뜨거운 두 줄기 울분의 눈물이
묵묵히 흘러서 황허 강*과 양쯔 강이 되었다

바람을 품은 사람은 떠났다
그는 진리가 연금당한 베이징에서 죽었고
더러워진 시간 속에서 죽었다
악랄한 검은 손이 역사의 혀를 짓눌렀을 때
죄 많은 총탄이 진실의 소리를 관통했을 때
거짓과 살육이 진실을 속이고 위협했을 때
광장에 넘쳐흐른 그의 눈물은
지금도 중국의 대지를 적시고 있다

그는 일찍이 황허의 북쪽 언덕에 떠오른 희미한 자줏빛 태양이었다
세계는 그의 빛줄기를 받았다
그는 일찍이 중국 대지에서 흔들린 수국이었다
민중은 그의 좋은 향기를 맡았다

부고가 방송에 나온 날 오후
나는 창가에 선 채로 돌기둥이 되었다
창밖 게으른 빌딩의 무리가
석양 속에 앉아 졸고 있고
멀리 대로는 서쪽으로 이어져서 떠다니고
죽은 자를 애도하는 조문을 크게 걸어놓듯
업적을 빼빽이 기록한 조사가 쓰여 있다
길가의 나무에서는 새 소리가 들리지 않고
석양의 잔영 속에서
빛은 조용히 가라앉았다

서쪽에서 흘러온 구름은
병든 하늘에서 초췌하고
춤추며 내리는 눈송이는 겨울의 눈물
날카롭고 긴 소리를 만드는 차가운 바람은 통곡소리다
망명한 한자는
변함없이 이국에서 굴욕을 견딘다

바람을 품은 사람은 떠났다
그 깃발은 그의 몸을 가려주지 않는다
국가의 음악도 그를 위해서는 연주되지 않으리라
기만당한 국민은 그의 일을 슬퍼하지 않는다
음침한 궁전은 그를 위해 침묵을 깨지는 않으리라
중국의 하늘은 그를 위해 한 개의 별도 떨어뜨리지 않는다
피비린내 나는 녹슨 음모는 들추어내지 못하리라

아무리 야만의 손이라 해도 기억을 없애지는 못한다
아무리 탐욕하다 해도 햇빛을 독점하지는 못한다
아무리 어두운 세력이라 해도 역사를 왜곡하지는 못한다
아무리 철면피라 해도 선량을 더럽히고 흉하게 만들지는 못한다

기억은 언제까지라도 기억이고
햇빛은 언제까지라도 햇빛이다
역사는 언제까지라도 역사이고

선량은 언제까지라도 선량이다

그러나 바람을 품은 사람
그는 떠났다

---

* 황허(黃河) 강: 중국 북부의 서쪽에서 동쪽으로 흐르는 중국 제2의 강.

초원에서

양을 도살하는 몽골 칼이 번쩍인다
선조가 전해 준 엽총이 승냥이를 해치운다
사막을 빠져나가는 좁은 강은 채찍처럼
초원의 등 뒤에서 소리를 낸다

짠맛 나는 우유차를 쇠똥으로 끓이는 연기가 공중으로 피어오르고
사냥감을 노리는 매의 눈초리가 울타리를 넘어서 꽂힌다
마두금* 허미* 오르틴도*
여기저기 메아리치는 슬픔
초원 아래 공룡은 곤히 잠들지
팔천 수백만 년

경마, 씨름, 궁술
습격당해 내장을 모조리 먹혀버린 말
눈은 뜬 채로다
카라코룸,* 오보, 라마 사원

지평선은 활모양의 하늘에 이어진다

말린 양고기, 치즈, 마유주*
은그릇에는 먼 옛날의 호방豪放함이 넘실거리고
게르*에 매달린 승냥이의 털가죽
그 눈은 초원을 기억한다
신이라 숭상하는 칭기즈 칸이
어디에 잠들었는지 아무도 모른다

---

* 오보: 유목민의 신앙 대상. 여행의 안전을 기원하는 석적(石積).
* 마두금(馬頭琴): 몽골 민속 악기. 몸통을 말가죽으로 싸고, 끝에 말 머리 장식이 있다.
* 허미: 몽골의 전통 창법. 목과 배에서 두 개 이상의 음이 동시에 나온다.
* 오르틴도: 몽골의 전통 민요. '긴 노래'라는 의미.
* 카라코룸: 몽골의 오르콘 강가에 있던 몽골제국의 수도.
* 마유주(馬乳酒): 말의 젖을 발효시켜 만든 술.
* 게르: 몽골족의 이동식 집.

노랫소리

나는 노랫소리 속에서 보았다
지평선 위로 이어진 길
소년인 나는
그 위를 달린다
남쪽으로
내가 꿈꾸는
남빛 과수원을 향하여

한없이 드넓은 물
내 왼편에서 넘쳐나서 하얗고
그것은 이미 바다와 상관이 없다
그 오른편에는
멀리 내다보는 것을 방해하는 민둥산이 있고
그 산기슭에 산더미처럼 쌓인
바람의 사체

돛대가 꺾인 배는

리듬의 둔치에서 좌초했다
뱃사람이 가까이 오기를 기다리기라도 하듯이
갈매기가 날아가고
백로가 훨훨 내려앉는다
그들이 아름다운 날개로 따돌린다
음표의 빛은 대지에 반짝이며 울린다

노랫소리의 손은 내 눈을 살며시 감겨주고
마음 속 잡념을 훌훌 털어준다
나무는 더러워진 하늘을 청소한다
야생마는 쥐죽은 듯 고요해진 황무지를 달려 빠져나가
내 몸속에서 이리저리 날뛴다
무시무시한 독수리는 하늘은 선회하며
날카로운 눈으로 땅위를 물색한다

산은 이제 웅대하지 않다
하늘 끝이 이제 멀다는 말을 못 한다

내 딸에게

세상은 너에게 얼마나 너그러울까
—전부가 아닌 평화가 네 생각대로 숨쉬고
형체 없는 바람은 너를 위해 유리창에 모습을 남기고
작은 새는 울면서
네 작은 손이 춤추듯이 가지를 날아오른다
야, 야, 라며 말을 흉내 내기 시작한 너에게
세상은 끝없는 푸른 하늘일지도 모른다
햇살 아래의 어둠, 따스함이 품은 추위를
넌 아직 모르니까

지구보다 큰 것은 네 유모차 바퀴
우주보다 큰 것은 네 밝은 눈동자
자장가를 흥얼거리는 엄마의 품속에서
평온하게 잠든 네 얼굴을 보고
나는 말하고 싶다
딸아
모든 아이들이 너만 같다면

세상은 얼마나 근사할까

작품 1호

말과 나는 9미터 거리를 유지한다
말은 나무말뚝에 매이고 또
마차를 끌고 머나먼 곳으로 달려가지만
말과 나의 거리는 언제나 9미터다

말은 얌전하게 땅바닥에 엎드린
한 사람의 철학자다
말은 밭에서 힘을 쓰며
움직이는 나체조각이다

나는 말과도 같은 거리를 유지하고
실내에 조용히 앉았다 또
다른 장소에 가도
나와 말과의 거리는 언제가 9미터다

말은 나무말뚝에서 빠져나가
혹은 말고삐를 끊고

머나먼 곳에서 이리저리 뛰어다니며
발굽을―힘차게 내달리며―오래―울지만
아무래 해봐도 뛰쳐 나가지는 못한다
우리 사이 9미터를

많은 풀이 말라버렸어도
말은 아직도 곱씹으며 맑은 향기를 발산한다
그 청량한 향기도 내게서 9미터다

말과 나와의 거리는
긴 세월 동안 늘지도 줄지도 않는다
활기찬 말이 파란 석마*가 되어도
우리 사이의 거리는
영원히 9미터다

---

* 석마(石馬): 왕릉 앞에 세워놓은 말의 석상.

귀뚜라미

귀뚜라미는 가을 햇살을 받고 자라서
귀뚜라미는 옥수수 잎에 뛰어오르고
귀뚜라미 수염은 태양빛에 떨리고
귀뚜라미 소리는 쉴 새 없이 사람 마음을 잡아끈다

귀뚜라미는 사람들이 쳐다봐도
귀뚜라미는 바구니에 가두어도
귀뚜라미는 누군가에게 잡혀도
자기 마음속의 소리를 낸다

귀뚜라미는 그 소리로 거리를 포위하고
귀뚜라미는 그 소리로 거리의 기쁨을 만끽한다
귀뚜라미는 그런데도 해방되지 못하고
귀뚜라미는 마을과 바구니라는 감옥에서 탈출하지 못한다

귀뚜라미는 거리를 한 바퀴 돌고
논밭에 뛰어들고 싶어 한다

귀뚜라미는 농작물과 함께 자라
농부에게 수확되기를 꿈꾼다

귀뚜라미는 거리에서 점점 야위어
귀뚜라미의 바구니 속 소리는 점차 낮게 잦아들고
귀뚜라미는 마지막 힘을 쥐어짜서
귀뚜라미는 자신의 소리로 자신을 매장한다

귀뚜라미는 바구니에서 내던져져
그의 이빨자국이 남아 있는 가을 햇살과 함께
부드럽게 식어버린 주검은
조용히 초록빛을 발하고 있다.

기차가 창 강*을 건너다

나는 줄곧 선 채로 차창 너머를 내다보았다 동쪽을 향해
떠오르는 아침 해가 창장 강을 빨갛게 비추고 있다
물도 모래도 진흙 강변의 풀과 나무도
한 척의 배는 마치 햇볕과 안개만을 가득 실은 듯하다

강 속의 무거운 역류는
서쪽으로 향하고 기어 다니는 어리석은 거북이처럼
나를 태운 열차는 굉음을 울리며 다리를 건너려고 한다
나는 미지의 풍경을 향해 서쪽으로 달려간다
배의 굴뚝에서 뿜어져 나온 연기가 하얗게 퍼져가서
하늘을 낮추고 대지를 누른다

배의 운명은 태양과 마찬가지로
지금 서쪽 하늘 창 강의 상류에 가라앉는다

---

* 창(長) 강: 양쯔 강의 다른 명칭.

4월의 정서

비가 내리느냐 마느냐는 하늘의 뜻
사람들은 모두 우산을 들고 이슬비 속을
오간다

나는 꿈속에서 흔들리어 깨어나
형체가 없는 힘에 이끌려 2층에 올라가
동쪽으로 향해
빛이 들지 않는 창가에서
기다린다

거무스름했던 실내의 벽이 점점 하얘지고
나는 얼굴을 창밖으로 돌린다 눈길이
유리창에서 멀어져 가는 사람들의 모습을
끊임없이 쫓아간다
내가 어렸을 때 마른 나무에 기대어서 보던
빈틈없이 기어가던 개미나 풀잎 위에서
바스락바스락 꿈틀거리며 놀던 곤충과

흡사하다

푸른 나무와 벚꽃은 모두
베일에 가려진다
멀리 저 멀리 안개와 시간을 투과해서
시집가기 전의 신부처럼
수줍은 듯 자라나 꽃을 피운다

오고 안 오고는 손님 마음, 어깨에
작은 손이 놓였음을 기억한다
그 부드럽고 하얀 온기가
내 전신을 빠져 나간다

아름다운 날

1

태양은 움직이는 것을 잊었다.
해바라기는 목을 늘어뜨려
태양을 둘러싸고 운다

2

목탁은 사찰 안에서 헤엄쳐 나온다
기도하듯 가라앉은 종소리, 물을 짊어진
주지 스님의 발걸음이 무거워진다

3

그 언저리의 길이 뚜렷하게 떠올라 떠다닌다

4

폭포는 소녀의 빗은 머리카락이 되어 떠돈다
밝은 거울의 호반, 물새는
지구의 인력을 뿌리치고 말았다

5

사냥꾼은 사막에서 방향을 잃고
사냥총은 자동 발사되어
공중에 높은 총성이 울린다
석—양은—피—처럼

6

비옥한 밭이랑 위
일천 개의 가래가 하늘 높이 올랐다가
낙하, 일천 명의 복사뼈에 구멍이 난다

말 타는 사람 · 마부 · 말

말 타는 사람은 마부보다 먼저 지친다
마부와 말은 초원을 걷고
말 타는 사람은 말 등을 걷는다

말은 풀 네 잎을 밟아 넘어뜨리고
마부는 풀 두 잎을 밟아 넘어뜨린다
짓밟혀 쓰러진 풀은 선잠을 자는 게 아니다
풀은 구부러져 대지의 가슴에 엎드린다
눈물을 삼키면서

그들이 어디로 가는지 아무도 모른다
마부는 모른다
말은 모른다
말 탄 사람도 모른다

그들은 부드러운 죽순의 산을 단단히 디디고
그들은 나무 그늘의 평온한 적막을 끝까지 걸어가

그들은 향기가 감도는 과수원을 빠져 나간다
눈 내리는 날만은 말 타는 사람은 온실로 피하여
말에게 여물을 먹이라고 마부에게 지시를 한다

마부는 나날이 말라가고
말은 피로에 견디지 못하여
경쾌했던 말발굽 소리도 무거워졌다
말 타는 사람의 엉덩이 아래 안장은
가쇄의 칼날처럼
말 등에 깊숙이 함몰했다

아득히 멀리 그들의 모습을 바라보면
마부와 말은 한 편의 풍경화 같은 점경이 되어
앞으로 조금씩 이동한다
말 타는 사람은 거의 하늘을 떠도는
하나의 어둡고 검은 구름이다

채찍을 잡은 말 타는 사람은
지쳤다 그는 말에서 내려
풀에 불을 피우고 작물과 수목에 불을 붙이고
마부는 도살자가 되었다
말은 한 무더기의 백골이 되고 말았다

봄의 고목

봄기운 속에 나무는 모두 초록으로 변했다
고목은 아직 겨울에 머무는 듯하다

나는 언제나 봄 속을 산책한다
어김없이 무의식적으로 고목 가까이에 다가가
그 아래 선다 하늘을 올려다보면
하늘은 상쾌한 푸른색을 띠었다

어느 날 집 안에 앉아
무심코 밖으로 눈을 돌리면
시선은 곧바로
고목의 가지 쪽에 떨어지리라

내가 관찰하던 새
그들은 고목 밖으로 날아오르기도 하지만
분명 다시 돌아와서
그곳에 머물러 살아가리라

나무에게는 피도 호흡도 없을지 모른다
뿌리는 보이지 않는 땅속에서
지금 썩어가는 중일지도 모른다
허나 바람만 불어준다면
와자지껄한 선율을 만들어 내리라

고목은 일 년 사계절 같은 색채
고목은 일 년 사계절 어떠한 말도 없다
비바람 속에서 명암 속에서
어떠한 장식도 하지 않은 채

봄의 나뭇잎이 온통 덮어 시야를 가리는 동안이
고목에게는 유일하게 진실한 풍경이다
고목
생명의 깃발

옛 도자기

너를 만들어낸 손끝은 이미 썩어 문드러졌다
드넓은 숲은 벌채되었다 배는
너를 태워 물이 흐르는 대로 떠내려가
온전한 형태 그대로 오늘날까지 헤엄쳐왔다

사람들이 대대로 네 먼지를 닦아주었기에
죽었지만 다시 탄생했다
너는 지금도 수천 년 전 모습 그대로다
시종일관 토템의 자세를 흐트러뜨리지 않는다

어느 날 결국 너는 선조들이 내게 맡긴
곳으로 오게 되리라 그때 나는
망설임 없이 너를 때려 부수리라

꿈

은빛의 세계
머리가 하얗게 서린 아버지가 배 선단에 서서
가볍게 장대 노를 젓는다
배는 물 위를 떠간다

섬에서 육지까지는
하룻밤의 거리

단장 斷章

1

신사神社 정원에서 하얀빛을 발하는 건
작년에 내린 눈
한바탕 몰아치는 추위가
가을바람이 데려고 사라진 여름에서 다가온다

2

종려나무는 두 손을 모아
혼자서 뉘우친다
구름은 낮게 내려와서
사자 석상의 빛나는 갈기를 스쳐 지났다

3

쥐가 곳간과 밭에서 달아났다
쥐해에 태어난 사람은 문을 닫고 나가지 않는다
이빨을 갈아 연마하고서
쥐는 건조한 계절에
흙먼지를 일으키며 비웃으면서 말한다
인간들은 어설프게 구덩이를 판다고

4

요괴는 갖고 있던 모든 게 없어져서 소심해졌다
어둠 속 깊은 곳에서 조금씩
빛을 씹어서 삼킨다. 그리고
영웅도 약해 보이고 겁쟁이로 보인다

5

얼룩 고양이가 오랫동안 끊어졌던 꼬리를 다시 찾았지만
봉 위에서 잡았던 균형을 영원히 잃었다
박쥐가 밤을 뛰쳐나와 한낮으로 뛰어들었지만
햇살에 비치는 그 충혈 된 날개는
까맸다

6

커다란 호수가 메말라
뱃노래가 수렁에 점점 가라앉아 간다
물고기를 노리는 새들이 하늘에서 춤추고
백로의 한쪽 다리가 배 속으로 움츠러들어
머리를 들고 생명의 만가*를 노래하기 시작한다

7

수리부엉이가 인가에 날아들어
날카로운 발톱으로 고요한 시간을 망쳐놓았다
구부러진 부리로 성난 소리를 지르며
접시에 그려진 그림을 끝없이 탐한다

8

시인들은 멀리 집을 떠나서
자신의 장미를 가지고 섬과 함께 떠돌고
길을 고치고, 집을 만들고, 논을 갈고, 술을 빚어
낯선 이국의 등에 몹시 거칠게 채찍질한다

9

아홉 명의 처녀가 손을 잡고 화원을 걸어나간다
민가*를 부르며 실룩실룩
그녀들의 성숙한 엉덩이를 흔든다
얕은 강을 사이에 두고
그녀들의 노랫소리는 부드럽고 청아하다
―처녀의 목소리!

10

황혼이 드리워지고
누군가가 달에 가서 나무를 심는다
하얀 토끼는 놀라 달아나
절구로 쌀을 찧는 할머니의 치마 속에 숨는다
달 아래에서 새총을 가지고 놀던 소년이

지금은 권총의 탄환을 채웠다 뺐다 한다

11

야생의 해바라기가 한밤중에
고흐 때문에 시들어 죽었다. 별들은 떨어졌지만
누군가가 그것을 줍는다. 도대체 누가 몸에서 빛을 발하여
불타는 화염처럼
마른풀이 무더기로 난 무덤에 가서
그 젊은 영혼을 불태우려 하는가

12

대부분 비석은 모두 풍화하고 말았다
그래도 누군가가 돌 위에서 밤낮으로 자신의 이름을 새긴다

쇠하지 않는 희망도 반드시 영혼과 육체보다도 먼저 부패하리라
지나간 무수한 세월이 증명한다
사람은 죽으면 눈에 보이지 않는 곳에 가서
또다시 탄생한다고

13

하늘이 추위에 떨 때
눈은 공중에서 피는 꽃이다
너른 바다의 끄트머리는 구름이 되어
구름은 태양을 만들어내고
태양은 점점 깜깜한 밤으로 잠겨 간다

14

바람은 한 장의 풀잎에 불기 시작해서
하늘로 통하는 고층 건물 앞에 멈춘다
하얀 구름을 향해 열린 창에는
젊은 귀부인이 고열이 난 개를 보살피며
걱정하고 슬퍼한다

15

불꽃은 차례차례 앞쪽에서 빛난다
큰불도 차례차례 뒤쪽으로 사라진다
눈은 먼 곳에서 녹고
물은 가까운 곳에서 얼어붙는다

---

* 만가(挽歌): 죽은 사람을 애도하는 노래나 가사.
* 민가(民歌): 중국 서민들의 노래.

고대음악

그 음악은 긴장된 백제금*의 현에서
떨림으로 전해지네. 마치 떠다니는 구름이
우리의 청각에 빗방울을 떨어뜨리듯이

우리는 그것이 음표의 흐름이라는 것을 잊고 만다네
생기 있고 부드러운 손가락이 아무것도 꾸미지 않은 현을
손끝으로 살며시 탔다는 사실을 잊고 만다네
그리고 우아하고 아름다운 몸짓이라고 전해 내려왔다는 것을
떠올릴 길 없네

그러니 이제 우리의 귀가 비상飛翔해가는 일 없고
전해지는 음악은 마치 천국에서 흘러온 듯
소박하고 활기차네
한평생 귀를 기울이기에 충분하리

하지만 그 울림 앞에서는 일부러 귀를 기울일 필요가 없다네
우리는 이 음악에서 항상 새로운 감흥을 받기에

악곡이 고음에서 저음으로
고대에서 현대로 막힘없이 연주될 때
우리를 파고드는 느낌은 서글픔과 한탄
지금 우리의 한탄은 그 시대의 한탄과
그 어떤 차이도 없으리

그 음악은 긴장된 백제금의 현에서
떨림으로 전해지네. 마치 창문 밖에 내리는 가랑비처럼
우리는 그 음이 백제금의 몇 번째 통곡인지는 모르지만
어찌 됐든 마음은 이미 그 음의 윤기에 의해
밝고 깨끗하게 씻기었다네

---

* 백제금(百濟琴): 당나라 시대에 민간에서 유행한 현악기의 한 종류. (지은이 주)
* 백제금(百濟琴): 일본이나 중국에 전해진 백제의 현악기.

시인의 말

모국어의 현장과 멀리 떨어진 경계에서
―모국어와 일본어, 그리고 이중 언어로의 창작

티엔 위안

1

나는 일본어로 시를 표현할 때만큼은 영원히 미숙하고 서투르다. 일반적으로 시인은 평생 모국어를 지켜나가며, 다양한 창작 분야의 사람들 중에서도 시인이야말로 모국어가 바탕을 이룬다. 특히 나처럼 모국어로 공부해서 대학을 졸업하고 스물여섯 살의 늦은 나이에 일본어를 공부하기 시작한 사람은 더욱 그러하다. 문학의 표현 능력은 모국어의 표현 능력으로 결정된다. 릴케가 프랑스어로 쓴 작품과 요세프 브로드스키(Joseph Brodsky, 러시아 출신의 시인. 1987년 노벨문학상 수상 ― 옮긴이)가 영어로 쓴 작품 모두 두 사람이 각기 모국어로 쓴 작품에 미치지 못하는 것과 다르지 않다. 모국어는 시인이 태어나면서부터 갖게 되는 또 다른 피와 같아서 육체나 영혼의 구석구석을 목숨이 다할 때까지 흐른다. 이처럼 유럽의 언어나 아시아의 언어 등 나중에 배운 외국어가 모국어와 필적한다는 건 그리 쉬운 일이 아니다. 내 개인적인 창작 경험을 보더라도 모국어를 능가하기란 굉장히 어려울뿐더러 후천적인 언어는 항상 모국어 언어 환경의 지배하에 있기 마련이다. 요네하라 마리가 "어떤 외국어라도 최초의 언어인 모국어를 절대로 넘어서지 못한다"라고 『한밤중의 태양』에 썼듯이 모국어는 작가나 시인에게 절대적인 존재라는 것은 말할 필요도 없다. 언어에 대한 민감한 반응이나 호기심, 어감, 어순, 언어 환경, 소리, 운율 등을 얼마나 합리적으로 처리해야 할지는 시인에게 영원한 과제다. 이것이 내가 일본에 유학한 직후에는 일본어로 시를 쓰지 않으려고 했던 주된 이유였다.

2

일본어는 중국어가 모국어인 사람이 배우기 쉬운 언어라고 오해받거나 우월감을 갖게 만드는 언어다. 일본어의 모체는 중국어이고 중국어는 일본어 탄생의 원천이며, 현대 일본어에 사용되는 50~60퍼센트의 한자는 일본어를 몰라도 의미나 뜻이 이해되기 때문이다. 하지만 사실 중국인이 일본어를 배울 때의 어려움이란 바로 이 한

자의 혈연관계에 있다. 언어학 측면에서 보면 일본어의 문법은 조사나 어순, 동사의 시제 변화 등 중국어와는 전혀 다르다. 그런데도 중국인이 일본어의 한자에 의존하는 것을 그만두기도 쉽지 않다. 이 같은 이유로 인해 중국인은 일본어에 깊이 들어가기를 꺼린다. 중국인은 라틴계나 서구의 언어를 말할 때와는 달리, 일본어를 말할 때면 원래 중국어였으나 일본어가 되면서 의미가 달라진 어휘를 무심코 사용하여 제대로 된 의미를 상대방에게 전달하지 못하는 경우가 많다. 영어는 중국어의 어휘에 위치만 바꾸거나 그대로 무턱대고 외워도 그런 일은 벌어지지 않는다. 일본어 속의 한자어에는 한자가 일본에 건너갔을 당시의 의미가 남아 있는 것도 적지 않다. 그대로 통하는 단어도 꽤 많다. 그러나 수많은 한자어가 일본 문화 속에서 일본식으로 변하여 의미나 말의 역할이 바뀌었다.

예를 들어 중국어와 일본어 모두 '포만飽滿'이라는 단어를 '배부르다'나 '포식飽食'이라는 의미로 사용한다. 그러나 중국어의 '포만'에는 그 외에도 다양한 용법이 있어서 추상명사인 '정신'을 수식해서 '정신 포만'이라는 말로도 사용한다. 이 간단한 예만 봐도, 같은 한자어 어휘이지만 일본어가 가진 정확한 뜻을 모르면 말이 통하지 않거나 오해의 소지가 다분하다. 일본어 한자어의 적절한 사용이나 위치를 정하는 일도 어렵다. 중국어의 어휘가 일본에서는 전혀 다른 의미로 통용되며, 이를 분별해내기가 쉽지 않은 탓이다. 또한 일본어는 전체적으로 가냘픈 듯 거칠고 여성적이며, 구체적인 듯 부정확한

데 반해, 중국어는 대체로 구체적이고 거칠지만 가냘픔을 잃지 않았고 남성적인 느낌이다.

  음운학이나 말의 조립 측면에서 일본어는 세계의 여러 언어 중 파악하기 쉬운 부류에 속한다. 일본어의 문자는 한자, 히라가나, 가타카나, 로마자 네 종류다. 일본어의 이 네 가지 요소는 동양과 서양의 두 언어가 유기적으로 결합해서 생겨났다. 하나의 언어 속에 다양한 문자 종류를 가진 말은 아마도 세계에서 일본어뿐일 것이다. 일본어가 가진 언어 공간의 넓이와 복잡함, 그리고 다원성은 한자밖에 없는 중국어와는 비교도 안 된다. 일본어는 중국어의 표음, 표의, 상형의 특징을 가지면서 한자의 시각적인 조형미와 영어의 추상성도 포함되었다. 일본어의 네 가지 요소의 사용 비율은 일본인에게는 암묵의 이해와 같아서 엄밀한 규정이 없다. 세계 각지의 말이나 소리에서 따온 외래어가 나날이 늘어나더니만 이제 범람을 하고, 일부 언어학자는 일본어의 혼란을 우려하기 시작했다. 허나 일본어의 내재적인 성질만 보고 일본어의 본질인 애매성을 결점이라 간주하고 적대시하는 것에는 찬성하지 않는다. 애매하다는 말은 중국의 현대한어사전이나 일본의 국어사전을 보더라도 해석에 큰 차이가 없으며, 어느 쪽도 마이너스적인 이미지가 아니다. 더구나 애매하다는 이 말을 영어의 'ambiguity'라는 단어로 생각하면 플러스의 의미(다양성)가 전면에 나선다. 이것도 내가 일본어를 로맨틱하고 시적인 언어라고 말하는 이유다.

개인의 경험에 비추어본다면, 일본어로 창작하면서 직면하는 가장 큰 고민은 단어를 어디에 어떻게 두어야 적절한지 그 구분이 어렵다는 것이다. 물론 이는 모국어로 창작할 때도 고민이 되는 건 마찬가지다. 이와 반대로 일본어로 창작할 때 가장 큰 즐거움은 다른 언어 공간이 펼쳐지고 다른 언어로 사유해서 자신의 표현을 찾아낸다는 점이다. 창작하는 사람, 특히 시인은 단어 하나하나가 가리키는 내력을 숙지하고, 그 단어가 가진 의미를 정확하게 가늠해야 한다. 그 안에는 그 단어의 암시적 의미나 원래의 원시적 의미에 새로 생긴 의미 등이 포함되므로 정확하게 창작자가 저울질해서 사용해야 한다. 이중 언어로 창작을 한다고 하면 멋져 보이고 시대를 앞서가는 우아한 일처럼 느껴질지도 모르지만 실제로는 말로 다 못 할 고통이 따른다. 중국어와 비교적 문법이 비슷한 영어로 창작을 했던 중국의 문학자 린위탕(林語堂, 중국의 작가·문명 비평가 — 옮긴이)이 두 언어로 창작하면서 괴로움을 느꼈는지는 모르지만 그가 영어 단어를 눈앞에 두고 망설임이 없지는 않았을 것이다.

3

1972년, 32세의 러시아 시인 요세프 브로드스키는 미국으로 망명하고 얼마 지나지 않아 영어로 창작을 시작했다. 나는 다른 사람이 높이 평가한 그의 영어 작품을 읽은 적이 없고, 그가 자신이 모국어가 아닌 영어로 글 쓰는 일을 어떻게 생각했는지에 대해서도 들은 적이 없다. 하지만 만약 그가 살아 있다면 분명히 러시아어로 쓰는 것이 영어로 쓰는 것보다는 쉽다고 인정했을 것이다. 그는 모국어로 글을 써서 세계에 알려졌고 러시아어는 이미 그의 몸과 정신의 일부였기 때문이다. 모국어와 멀리 떨어진 '현장'에서 모국어 이외의 언어로 창작해나가는 작가에게 유리한 점은 다른 언어로 모국어를 바라보고 주의 깊게 관찰해서 모국어의 모자란 부분을 보충하고 완전한 것으로 만드는 정도이며, 불리한 요소가 훨씬 많다. 무엇보다도 모국어의 언어가 기억 속에서 힘을 잃고 만다.

  내가 일본어로 창작을 시작한 이유는 일본어로 시를 쓰는 시인이 되고 싶어서가 아니라 잘하면 몇십만 엔이라는 상금을 받을지도 모른다는 불순한 동기에서였다. 그것이 제1회 유학생 문학상에 응모한 계기였다. 그러나 이 상은 내가 일본어로 창작하는 데 용기와 자신감을 주었고, 그 자신감에 힘입어 다니카와 슌타로의 시를 번역하였고 그 외의 일본 시인의 시도 중국어로 번역하게 되었다. 다니카와의 아름답고 지적이며 간결하고 심오한 시어는 나와 일본어 사이의 거리를 좁혀주었고, 일본어로 창작하는 일에 대한 저항감을 줄어들게 했으며, 일본어를 신뢰하고 애정을 느끼게 해주었다. 그렇기는 하지만 나는 여전히 자신이 일본어의 '손님'이지 '주인'은 아니라고 느낀다. 이 정리하기 힘든 심리적 격차는 몇 개의 국어를 다루는 시인 파울 첼란(Paul Celan, 독일 시인. 「죽음의 푸가」는 현대시의 고전으로 평가받는다 - 옮긴이)이 토로한 "모국어만이 자신의 진리를 제대로 표현하며, 시인이 외국어로 표현한 시는 다 엉터리다"라는 말과 일치한다. 어느 정도 일본어를 다루게 된 지금도 역시 나는 아직 말을 배우기 시작한 아이와 같다고 느낀다. 형태는 없으나 일본어와 나 사이에 존재하는 결코 넘지 못하는 거리다. 이 거리에는 문화나 습관, 가치관의 차이도 포함된다.

4

일본어의 변화 속도는 중국어를 훨씬 뛰어넘는다. 세계의 언어 중에서도 가장 상위권일 것이다. 이 변화 속에는 외래어를 흡수하는 방법과 말이 도태되어가는 과정이 여실히 드러나 있다. 이것은 일본어의 외래어 표기 방식인 가타카나의 편리성에 의해서다. 일본어의 변화는 일본 문화 전체의 진행 방식과 보조를 맞춘다. 일본어와 비교해서 중국어의 변화는 비교적 온화하고 느긋하다. 많은 신조어가 항상 사어死語와 교체되는 데도 불구하고 말이다. 상대적으로 일본어는 중국어에 비해서 시대의 관여를 받기 쉽다. 이 관여에는 확실히 문화나 문학이 가장 위에 있다. 그 배경은 근·현대의 일본이 서양의 인문과학서를 대량으로 번역하고 이식한 사실로 거슬러 올라간다. 일본은 아시아 속의 유럽이라고 불리지만 아시아의 전통을 계승, 발전시키는 일과 동양과 서양의 전통과 현대를 완전무결하게 연결하는 데 성공했다. 경제의 급격한 발전과 서양 문화의 수용에 의해 중국어의 변화도 점점 빨라지는 중이다. 문화평론가 가토 슈이치가 말한 '잡종 문화' 현상이 중국에 상륙할 가능성도 적지 않다. 실제로 지금 중국의 일부 젊은 시인들의 창작 스타일과 읽기의 정체 모를 텍스트도 이 범주에 들어간다. 그들은 아직 '잡종'의 우량종이 아니다. 그 원인은 그들이 서구 문화에 대한 인식이 얕고 모방이 경망스럽다는 점, 원문을 이해하기에는 외국어 실력이 부족하다는 점 등이다. 그들의 모국어와 문화의 기초 수준도 어느 정도인지 의심스럽다.

전후에 일본어가 건강하고 양질의 순환 문화를 기초로 해서 발전해나갔다는 점에서 일본어는 중국어에 비해 운이 좋았다. 정치적 이데올로기에 상처받지도 않았거니와 정치적 지배자의 억압을 받은 일도 없고, 자립한 언어로서 자유로이 호흡하고 쑥쑥 성장하여 정치적 지배자와 적당한 거리를 줄곧 유지해온 덕이다. 이는 서구의 여러 선진국도 마찬가지다. 문학 언어가 설 곳을 잃으면 진정한 문학은 존재하지 못한다. 내가 목격한 전후의 일본 문학에서 정치적 지배자의 언어를 사용해서 자신의 사상을 표현하거나 이데올로기의 특성을 지닌 문학을 선보인 작가는 드물었다. 그런 작가가 간혹 나타나더라도 웃음거리가 되어 문학계의 차가운 시선 속에서 허

둥지둥 모습을 감추었다.

　노벨상을 수상한 두 일본인 작가의 수상 소감 중 가와바타 야스나리의 "아름다운 일본"이나 오에 겐자부로의 "애매한 일본" 중 어느 쪽이나 다 언어학 관점에서는 일본어를 개괄하지 않았고 한쪽으로 치우친 표현이다. 내가 한자의 고향에서 온 외국인이라서 그런지 몰라도, 일본어는 굉장히 아름다운 말이다. 기모노를 입고 미소 지으며 인사하는 일본 소녀와 같은 느낌이다. 그러나 실제로는 일본어의 부드러움 속에 딱딱함, 즉 일본 특유의 견고함이 있다. 일본어의 다원적 표기가 일본 문학 특유의 기질을 만들어낸 것이다. 시인 미야자와 겐지, 나카하라 주야, 다니카와 슌타로, 소설가 미시마 유키오, 다니자키 준이치로, 아베 고보, 무라카미 하루키 그리고 노벨상 수상 작가 두 사람의 작품은 이 기질을 가장 잘 구현했고, 그들의 일본어는 일본인 특유의 개성과 정서를 완벽하게 표현해냈다.

5

　시의 매력은 시인의 감성에서 온다. 감성의 바탕과 풍부한 상상력, 그리고 언어를 운용하는 능력이야말로 시의 수준에 직접적인 영향을 미친다. 이 능력은 다니카와를 비롯하여 위대한 시인들의 작품 속에 충분히 발휘되어 있다. 나는 일본어로 시를 쓸 때면, 모국어 이외의 언어로 창작을 함으로써 창작의 자기 혁명과 환골탈태를 행하여 의식적으로 중국의 서정에서 벗어나려 했고, 알맹이 없는 추상적인 표현이나 일상생활 수준의 서술만 나열하는 일은 피하려 했다. 그것은 모국어의 사고방식이나 중국의 정서는 물론 자신의 인생 경험과 기억을 등지는 일이다. 나는 자신의 한정된 어휘 안에서 간결하고 청정하며 지성을 갖춘 언어를 발굴하여 시로 승화시키려 애썼다. 다니카와의 시학을 통해서 나는 진정한 시가의 의식은 애매하고 낯선 것이 아니라 확실하고 투명한 것이라는 사실을 알았다. 예컨대 극도로 추상적이고 난해하며 애매한 시라고 해도 은유를 통해 본래의 정신이 가진 윤곽을 표현한다. 그리해서 손으로 만져지는 의의를 독자에게 전하는 것이다.

   나는 일본어가 나를 받아들여준 것에 대해 감사한다. 나는 그 덕분에 자신의 모국어에서 부족한 부분을 알게 되었고 또한 모국어의 강함도 발견하게 되었다.

해설

다다른 적 없는 한자의 깊은 곳으로
— 티엔 위안 『돌의 기억』

고이케 마사요 小池昌代

어떤 언어로 글을 쓸지는 작가의 운명에 따라 달라진다.

일본에도 모국어가 아닌 '일본어'로 글을 쓰는 작가가 존재한다. 중국 시인 티엔 위안은 1965년 중국의 허난성에서 태어났다. 국비 유학생으로 일본에 온 후부터 일본어로 시를 쓰기 시작했고, 지금은 다니카와 슌타로의 시를 번역하고 연구하는 학자로도 알려졌다. 이 책은 그의 두번째 일본어 시집이다.

최근 소설 분야에서도 중국 작가의 활약이 두드러진다. 아쿠타가와상을 받은 양이楊逸가 그렇고, 내가 관여하는 야마가타·사쿠란보 문학신인상도 일본으로 귀화한 게이엔邢彦이라는 여성이 이번 수상자로 결정되었다. 게이엔의 수상작은 막다른 곳에 이른 인간관계를 생생하게 묘사했는데, 주인공의 태도가 대범하고 여유로운 점이 끌렸다. 이처럼 중국 작가들의 특징이나 장점은 소설의 '줄거리'에 있다기보다는 표현해놓은 '일본어' 자체에 있는 듯하다.

티엔 위안의 시는 그 '여유로움'을 강요하는 것 같진 않지만 느긋한 그리움이 나타나 있고, 일본어가 모국어인 일본의 현대 시인들이 좀처럼 표현하지 못하는 부분을 대담하게 써 내려간다.

「시골 마을」이라는 시에서는 "서술로 농단壟斷한 / 기억을 따라 남쪽으로 내려오니 / 강가에 자리한 시골 마을에서 / 우연히 들리는 개 짖는 소리가 / 내 향수를 끌어낸다"로 시작한다. '壟斷'이 뭐지? 당황하여 한자사전을 펼친다. 찾아보니 '용단'이 아니라 '농단'이란다. 의미는 '높은 언덕의 벼랑' 또는 '이익을 독점함'이다. 그렇구나, 하나 배웠다.

이처럼 겉으로 보기에는 우선 한자어가 가득하다는 느낌을 준다. 어느 페이지나 마찬가지다. 그의 시 속에는 일본어 문자인 히라가나만 빼면 그 자체만으로도 '한시漢詩'가 될 요소가 숨어 있다.

2005년에 작고한 소설가 구라하시 유미코倉橋由実子는 생전에 한시를 즐겼다. 그녀는 한시의 매력을 "섬세하며 고아한 차의 풍미"라고 했고, "단맛, 쓴맛, 떫은맛이 미묘하게 어우러져 깊은 맛이 풍부해서 마음을 가라앉게 하고 대뇌를 활성화시킨다"라고 썼다.

일본의 현대시에서는 단맛, 쓴맛, 떫은맛이 어우러진 깊은 맛을 시인들 스스로가 꺼린다. 그렇다면 티엔 위안의 시는 어떤가. 그의 시에는 단맛, 쓴맛, 떫은맛 등이 고루 스며 깊은 맛이 나고, 거기에는 분명히 진정 효과가 들어 있다. 이는 원래 한자가 가졌던 힘인지도 모른다. 이처럼 그의 시에서는 고풍스러운 품격이 느껴진다.

시 속에서 우연히 마주친 '개'는 지금의 현대 일본에서는 눈에 띄지 않는 '떠돌이 개'이지만, 하기와라 사쿠타로(萩原朔太郎, 1886~1942, 일본 근대시의 아버지 – 옮긴이)가 쓴 시 「낯선 개」에 그대로 이어지는 느낌이다.

또 그의 시에서는 직유나 은유가 넘쳐나는 것도 놀라운 특징 중 하나다. 나는 사치스럽고 호사스러운 무언가를 본 듯했다. 마치 두툼하고 예스러운 언어의 융단 위를 걷는 기분이었다.

「만종」이라는 시는 "지금 나는 그 거추장스런 울림 속에서 늙어 간다"라는 인상적인 행으로 시작한다. 언어가 무심코 소리 내고 싶어지는 우울한 운율을 만들어냈다. "종소리는 돌과 불에서 온 것임을 안다 / 그것은 선조의 목숨과 지혜의 결정체라는 것도 / 잘 안다"

이 시는 자연과의 관계 속에서 수많은 비유를 끌어낸다. 종소리가 돌과 불에서 왔다고 표현한 티엔 위안의 감성이 내게는 없다.

나는 그의 시를 통해서 여태껏 다다른 적이 없는 한자의 깊은 곳 (과연 그런 곳이 있기는 할까?)으로 내려가보고 싶다. 우직하리만큼 똑바로 내려가보면 분명히 그곳은 일본어와 중국어가 조화를 이룬 문자의 영토이리라.

한자를 사용할 때 이 시인은 그 깊은 곳에서 여유롭고 당당하게 끌어올리는 것이다. 그리하여 바둑을 둘 때 확신에 찬 한 수를 두는 것처럼 한자가 시 속에 딱 들어맞는다. 그 신선함이란! 아는 한자가 낯설어지고, 본 적 없는 한자가 더할 나위 없이 친숙해진다.

옮긴이의 글

양다리를 걸친다는 것

한성례

　티엔 위안은 일본어를 모국어로 하지 않은 중국인 최초로 일본에서 가장 권위 있는 시 문학상인 'H씨상'을 수상했다. 수상 시집은 『돌의 기억』이다. 그는 수상 소감에서 중국어와 일본어 사이에서 사투를 벌인 결과라고 표현했다. 그가 말한 "모국어와 외국어 사이에서 양다리를 걸친다는 것"은 이젠 시 문학도 국경을 넘나들어야 하는 시대임을 감안할 때, 시가 어떤 보편성을 지녀야 하며 어떤 형식과 내용을 취해서 써야 하는지 등의 실체를 여실히 증명해 보이는 말인 셈이다.

　같은 한자권 나라인 중국과 일본은 한자가 공통분모이지만 그는 지금도 한자를 사용해서 일본어로 시를 창작할 때면 "살얼음을 밟는 것 같다"라고 말한다. 같은 한자라도 일본어와 중국어에서 전혀 다른 의미를 갖는 한자의 '함정'을 자각한 까닭이겠지만, "그러기에 두 가지 언어의 장점과 단점을 잘 이해하게 된다"라고도 말한다. 티엔 위안은 일본어 시에 일본어에서는 통상 찾아보기 힘든 한자를 자주 사용하며 지금은 잘 쓰지도 않고 일본인들조차 잊어버린 고어까지도 자유자재로 구사한다. 한자어를 살린 그의 시어는 의외로 신선하다. 이처럼 한자는 그의 일본어 시에서 언어 감각을 예리하게 조탁하는 데 큰 몫을 한다.

일본어가 이 시인에게는 외국어이며 제2의 언어다. 더 나아가 중국과 일본, 두 나라의 혼합어이기도 하다. 두 가지 이상의 요소가 합쳐진 혼성체로서의 혼합어는 언어가 국경을 넘어 그 가능성을 넓혀 간다는 점에서 큰 의의가 있다고 생각한다.

티엔 위안의 일본어 시는 한자가 많이 섞여서인지 한 행 한 행의 모양새가 강직해 보이고 내용과 의미도 장대하다. 역사 인식에 관한 시편들도 많다. 또한 과감한 시 쓰기에 의해 중국어와 일본어의 여러 간극이 보이기도 하지만, 오히려 그 점이 언어의 한계를 뛰어넘게 하고 순수한 시의 언어를 감지하게 해준다.

대학교수였던 부친이 문화대혁명기의 지식인 탄압 정책에 의해 강제노동에 처해져서, 그는 소년 시절을 농촌에서 보냈다고 한다. "고뇌하던 아버지의 모습은 깊이 각인되어 있지만, 어린아이에게 농촌은 낙원이었다. 당시의 경험은 내게 큰 선물이었다. 기억 속의 풍경이나 그곳에서 배양된 가치관은 의식하지 않는 사이에 내 시에 투영된다"라고 했다. 어린 시절 부친이 매일 암기하게 했다던 당시

唐詩의 영향도 느껴진다. 예컨대 「만종」에서 "낮에 그들은 정신의 깃발을 내걸고서 숙면하고 / 밤에 그들은 이상의 창을 매고 몽유한다"라는 한시의 리듬감과 대구對句 등이다. 말하자면 한시가 육화되어 자신도 모르게 저절로 흘러나오는 것이리라.

"문명이라고 해서 다 옳은 것은 아니다"라며 그는 급속하게 도시화가 진행되는 중국의 상황을 불안해하기도 한다. 티엔 위안은 그러한 비판 의식을 의식의 밑바닥에 가라앉혀놓고 예술적 표현으로 승화시킨다. 시에서 여러 차례 '인류'라는 말을 사용했는데 인류사나 문명사적인 시간의 흐름을 응시한 확장된 시야도 그의 시가 가진 특징이다.

티엔 위안의 시에는 광활한 대륙이 그대로 들어와 앉은 듯하다. 이 시인의 인간적인 품성도 드넓은 대륙 같다는 것을 그와 접할 때마다 느끼곤 한다.

티엔 위안의 한국어판 시집 출간을 기뻐하며 기꺼이 해설을 써준 고이케 마사요는 일본에서 가장 대표적인 젊은 시인 중 한 사람이며 소설가로도 활발하게 활동하고 있다. 그의 시집 『비명』(시평사, 2005)과 소설집 『파도를 기다리다』(창비, 2010)는 한국어로도 번역 출간되었다.

티엔 위안은 그동안 일본과 중국 문학계를 잇는 '시의 다리'를 자처해왔다. 최근에는 한국을 포함하여 아시아 전체를 아우르는 시 교류에도 열정을 쏟고 있다. 이번 한국어 시집 출간을 계기로 중국과 일본에서 사랑받고 있는 티엔 위안의 시가 한국 독자에게도 사랑받을 수 있게 되기를 기원한다.